Ursula Dirmeier

Nicht Furcht, sondern Liebe

Geistliche Lebenskunst mit Mary Ward

Ignatianische Impulse
Herausgegeben von Stefan Kiechle SJ und Willi Lambert SJ,
Band 40

Ignatianische Impulse gründen in der Spiritualität des Ignatius von Loyola. Diese wird heute von vielen Menschen neu entdeckt.

Ignatianische Impulse greifen aktuelle und existentielle Fragen wie auch umstrittene Themen auf. Weltoffen und konkret, lebensnah und nach vorne gerichtet, gut lesbar und persönlich anregend sprechen sie suchende Menschen an und helfen ihnen, das alltägliche Leben spirituell zu deuten und zu gestalten.

Ignatianische Impulse werden begleitet durch den Jesuitenorden, der von Ignatius gegründet wurde. Ihre Themen orientieren sich an dem, was Jesuiten heute als ihre Leitlinien gewählt haben: Christlicher Glaube – soziale Gerechtigkeit – interreligiöser Dialog – moderne Kultur.

Ursula Dirmeier

Nicht Furcht, sondern Liebe

Geistliche Lebenskunst mit Mary Ward

echter

Bibliografische Information der Deutschen Nationalbibliothek

Die Deutsche Nationalbibliothek verzeichnet diese Publikation in der Deutschen Nationalbibliografie; detaillierte bibliografische Daten sind im Internet über <http://dnb.d-nb.de> abrufbar.

www.echter-verlag.de
Umschlag: Roberto Meraner
Druck und Bindung: CPI – Clausen & Bosse, Leck
ISBN 978-3-429-03194-7

Inhalt

Vorwort

Im Januar 2010 werden es vierhundert Jahre, dass die Frauengruppe um Mary Ward in Saint-Omer mit dem gemeinsamen Leben und der Erziehung von Mädchen begann. Ihre Nachfolgerinnen in der Congregatio Jesu und im Institut der Loreto-Schwestern haben allen Grund, Gott für seine reiche Gnade und treue Begleitung durch die wechselvolle Geschichte zu danken. Zugleich geht der Blick in besonderer Weise auf die Erste, auf die Gründerin Mary Ward. Sie prägte die Gemeinschaft nicht nur durch ihre Tatkraft, sondern auch durch ihre tiefe Verwurzelung im Glauben.

Mary Wards Spiritualität ist von den Geistlichen Übungen des hl. Ignatius inspiriert. Bereits in der Jugendzeit in England wurde sie von ihren geistlichen Begleitern darin eingeführt. Als Postulantin für das Klarissenkloster machte sie die dreißigtägigen Exerzitien. Mit der Verwirklichung des Auftrags, für ihren Frauenorden Ziel und Mittel, Lebensregel wie Leitungsform der Jesuiten zu wählen, wuchs die geistige Verwandtschaft, ohne dass die Selbstständigkeit aufgegeben wurde. Mary Wards geistliche Lebenskunst ist eine eigenständige Pflanze im Garten ignatianischer Spiritualität. Ich möchte sie mit dem Wunsch und der Hoffnung darlegen, dass sie auch den Menschen des 21. Jahrhunderts Impulse zum Glauben und zur Lebensgestaltung geben kann.

Bamberg, 31. Juli 2009 *Ursula Dirmeier CJ*

Die zitierten Texte sind übersetzt aus: Mary Ward und ihre Gründung. Die Quellentexte bis 1645 (hg. v. Ursula Dirmeier CJ), vier Bände, Münster 2007.
Folgende Abkürzungen werden verwendet: **D** für Dokument, **AB** für Autobiographische Fragmente, **BW** für die Fragmente Barbara Wards, **Vita E** für die Englische Lebensbeschreibung, **GL** für die Bild-Inschriften des »Gemalten Lebens« (50 Ölbilder über das Leben Mary Wards).
Ignatius' Texte werden zitiert nach: Ignatius von Loyola, Gründungstexte der Gesellschaft Jesu, übers. v. P. Knauer, Würzburg 1998 (**EB**: Exerzitienbuch, **BP**: Bericht des Pilgers, **K**: Konstitutionen; jeweils mit Randnummer).

Mary Ward (1585–1645)

Die Strafgesetze der anglikanischen Staatskirche gegen die Katholiken in England wurden in der zweiten Hälfte der Regierungszeit Königin Elisabeths I. deutlich verschärft. Das religiöse Leben dieser Minderheit musste sich im Geheimen abspielen, bei Entdeckung drohten drakonische Strafen. Mary Ward, die am 23. Januar 1585 in einer Familie des katholischen Landadels in Yorkshire zur Welt kam, wurde von diesen Lebensumständen geprägt. Um der Verfolgung zu entgehen, wechselten die Eltern häufig den Wohnsitz. Mit fünf Jahren kam Mary Ward zur Großmutter, mit dreizehn bereitete sie sich bei Verwandten heimlich auf den Empfang der Erstkommunion vor. Mit fünfzehn Jahren erfuhr sie aus den Erzählungen einer Magd von der Möglichkeit des Ordenslebens und entschied sich, auf dem Festland in ein Kloster einzutreten. Da ihre Eltern und auch der Beichtvater eine Heirat mit einem katholischen Adligen bevorzugten, konnte sie diesen Plan erst mit 21 Jahren verwirklichen. In Saint-Omer in den Spanischen Niederlanden nahm sie zwei Anläufe als Klarisse, zunächst 1606/07 als Bettelschwester im wallonischen Kloster, dann 1608/09 in einer eigenen Gründung für Engländerinnen. Es zeigte sich, dass Gott sie zu einer anderen Lebensweise berief, die aber erst nach und nach Kontur gewann.

Im Spätherbst und Winter 1609 hielt sich Mary Ward in England auf, wo sie in der Untergrund-Seelsorge mithalf. Einige Frauen schlossen sich ihr an, mit denen sie im Januar 1610 in Saint-Omer begann, in Gemeinschaft zu leben und die ihnen anvertrauten englischen Mädchen zu unterrichten und zu erziehen. Im Spätherbst 1611 gewann Mary Ward Klarheit über den Auftrag Gottes. Er erschloss sich ihr in den Worten: »Nimm dasselbe von der Gesellschaft (Jesu).« Das Werk in Saint-Omer wuchs. Es folgten Gründungen in Lüttich und in kleinerem Stil in Köln und Trier.

Die Erziehungsarbeit für interne und externe Schülerinnen wurde von den zuständigen geistlichen und weltlichen Autoritäten gefördert. 1616 ließ Papst Paul V. als Antwort auf die Eingabe des Bischofs von Saint-Omer eine vorläufige Belobigung aussprechen. Zugleich erwuchsen der Gemeinschaft erbitterte Gegner in einem Teil der Jesuiten, die ein weibliches Pendant zu ihrem Orden ablehnten, und im englischen Weltklerus, der in der Frauengemeinschaft eine Hilfstruppe der Jesuiten sah und nicht davor zurückschreckte, sie zu verleumden.

Kirchenrechtliche Hauptstreitpunkte waren von Anfang an die Klausurfreiheit und die angestrebte Unterordnung allein unter den Papst. Beides ergab sich für Mary Ward aus dem Auftrag, einen Jesuitenorden für Frauen zu bilden, und war vor allem im Hinblick auf die seelsorgerliche Mitarbeit in der »englischen Mission« unabdingbar. Da es für die Gemeinschaft als nicht approbierter Orden schwierig war, von den Eltern der Mitglieder die Mitgift zu erhalten, machte sich Mary Ward im Herbst 1621 auf den Weg nach Rom, um dort die päpstliche Bestätigung zu erbitten.

Die Verhandlungen unter Papst Gregor XV. zogen sich in die Länge. Mary Ward gründete deshalb in Rom und später auch in Neapel und Perugia Niederlassungen, um ihre für Frauen neuartige Lebensweise vor Ort prüfen zu lassen. 1625 ordnete Papst Urban VIII.,

dem Mary Ward die Bitte um Bestätigung persönlich vorgetragen hatte, die Aufhebung der Niederlassungen in Italien an.
Anfang 1627 wurde die Gruppe um Mary Ward auf ihrem Rückweg nach Norden vom bayerischen Kurfürsten Maximilian zur Gründung einer Schule in München eingeladen. Noch im gleichen Jahr gingen Schwestern auf Wunsch seines Schwagers, Kaiser Ferdinands II., nach Wien. Im Jahr darauf erfolgte eine Gründung in Pressburg auf Anregung des Primas von Ungarn. In den Ländern der Reformation erkannten die katholischen Fürsten die große Bedeutung der Mädchenbildung für die Weitergabe des Glaubens.
Auch in Prag sollte auf kaiserlichen Wunsch eine Erziehungseinrichtung gegründet werden. Jedoch führte der dortige Oberhirte, ebenso wie derjenige von Wien, Beschwerde in Rom. Dort wurde am 7. Juli 1628 von der Propaganda-Kongregation unter Vorsitz des Papstes der Aufhebungsbeschluss gefasst, der allerdings aus politischen Gründen nicht sofort und nicht in allen Ländern gleichermaßen durchgeführt wurde. Mary Ward, die nur gerüchteweise davon erfuhr, ging ein zweites Mal nach Rom, um ihre Gründung zu verteidigen. Ihre Bemühung um Bestätigung der Gemeinschaft blieb ohne Erfolg. Über den Aufhebungsbeschluss, der ab Herbst 1629 von den Nuntien in Brüssel und Lüttich durchgeführt wurde, wurde sie weiter im Unklaren gelassen, weshalb sie die Hoffnung auf eine Duldung nicht aufgab.
Im Januar 1630 wurde die Niederlassung in Saint-Omer aufgehoben, Ende April in Lüttich, im Mai in Köln, im August in Trier. Mary Ward, die inzwischen unverrichteter Dinge von Rom zurückgekehrt war, wandte sich am 28. November von München aus

noch einmal in einer Appellation an den Papst. Bevor diese in Rom eintraf, waren einige Aussagen aus dem Verhör der Lütticher Mitschwestern von der Inquisition als häretisch eingestuft worden. Der Papst befahl am 5. Dezember die Einkerkerung Mary Wards in München und die ihrer Bevollmächtigten Winefrid Wigmore in Lüttich. Mit Datum vom 13. Januar 1631 erließ Papst Urban VIII. die Unterdrückungsbulle »Pastoralis Romani Pontificis«, die jedoch erst im Mai rechtskräftig wurde.

Durch ihre Inhaftierung gewann Mary Ward am 7. Februar 1631 Klarheit darüber, dass der Papst die völlige Aufhebung ihrer Gemeinschaft wünschte. Dementsprechend wies sie ihre Gefährtinnen an, ihm zu gehorchen. Die Schwestern in Saint-Omer und Lüttich, Köln und Trier, München, Wien, Pressburg und Rom unterwarfen sich dem päpstlichen Dekret. Inwiefern die in der englischen Untergrundkirche tätigen Mitglieder informiert wurden und wie sie reagierten, ist nicht bekannt. Nach neuneinhalb Wochen Haft im Angerkloster in München brach Mary Ward als Gefangene der Inquisition zu ihrer dritten Romreise auf.

Am 26. Mai 1632 sprachen die Kardinäle der Inquisition Mary Ward vom Vorwurf der Häresie frei. Dennoch blieb sie unter Beobachtung. Das gemeinsame Leben war zwar durch die Bulle verboten, scheint in Rom aber geduldet worden zu sein. Nach dem Schwedeneinfall und der Pestepidemie in München erhielten die wenigen dort verbliebenen »Englischen Fräulein« am 1. Dezember 1635 von Kurfürst Maximilian mündlich die Erlaubnis, als weltliche Personen Mädchen zu unterrichten.

1637 wurde Mary Ward die Abreise von Rom in

Richtung Norden gewährt, die sie unternahm, um in Flandern und England die Gerüchte um Todesurteil oder lebenslange Einkerkerung zum Verstummen zu bringen. 1639 traf sie mit einigen Gefährtinnen in London ein und organisierte unter dem Schutz der katholischen Königin Henrietta Maria die Erziehung von Mädchen. 1642 musste die Gruppe vor dem Bürgerkrieg nach Norden fliehen. Am 30. Januar 1645 verstarb Mary Ward in einem Vorort von York.

Die Gemeinschaft der »Englischen Fräulein« erhielt 1703 die kirchliche Bestätigung von 81 Regeln und bezeichnete sich nun als »Institut Mariä«. 1749 wurde die zentrale Leitung durch eine Generaloberin gebilligt, allerdings durfte aus kirchenrechtlichen Rücksichten Mary Ward bis 1909 nicht mehr als Gründerin benannt werden. 1821 gründete die Irin Frances Ball, die in der Gemeinschaft des Bar Convent in York ihr Noviziat gemacht hatte, in Dublin eine rechtlich unabhängige Gemeinschaft aus dem Geist Mary Wards, die »Loreto-Schwestern«. 1877 wurde die Gemeinschaft der »Englischen Fräulein« als »Institutum Beatae Mariae Virginis« päpstlichen Rechts anerkannt. Zusammen mit den Loreto-Schwestern sind sie auf allen Erdteilen vertreten.

Nach dem Zweiten Vatikanischen Konzil konnte in zwei Schritten die Übernahme der ignatianischen Konstitutionen erreicht werden, einzig das ausgenommen, was Priestern vorbehalten ist. 2004 erhielt die Gemeinschaft, die Mary Ward auf göttlichen Befehl mit dem Namen Jesu zu bezeichnen wünschte, den Namen »Congregatio Jesu«. Mary Wards Seligsprechung ist beantragt; das Prädikat »verehrungswürdig« wurde ihr inzwischen zugesprochen.

1. Zu Gott in Beziehung

In einem Brief an ihren Exerzitienbegleiter hat Mary Ward an Allerheiligen 1615 wesentliche Gedanken ihrer Spiritualität formuliert. Sie sollen als Leitfaden für die vier Kapitel dieses Buches dienen. Im ersten geht es um die Beziehung zu Gott, die dadurch entsteht, dass wir alles auf Gott beziehen.

An welchen Gott glaube ich?

Nicht nach der Religions- oder Konfessionszugehörigkeit soll hier gefragt werden, auch nicht nach einem äußeren Bild, das sich jemand macht oder aus der Tradition übernommen hat, sondern nach den Eigenschaften, die Gott zugeschrieben werden. Ist Gott der Richter, vor dem ich mich fürchte, der Buchhalter, der alle meine Sünden in seinem Buch aufgeschrieben hat, der Chef, der mit meinen Leistungen niemals zufrieden ist? Ist Gott der Schöpfer, der wohl am Anfang stand, nun aber die Welt und den Gang der Dinge sich selbst überlassen hat? Ist Gott der Ferne, Unnahbare, der die Menschen ewig im Dunkeln tappen lässt? Ist Gott, so wie es das christliche Glaubensbekenntnis festhält, in erster Linie der Allmächtige, demgegenüber ich mich an der Frage abarbeite, wie denn das Leid der Unschuldigen, die Unzulänglichkeit der Schöpfung, die verhängnisvollen Naturkatastrophen damit in Einklang gebracht werden können?
Für Mary Ward stand eine andere Eigenschaft Gottes im Vordergrund. Sie ging von der Anwesenheit Gottes aus; der Glaube an Gott als den, der immer gegen-

wärtig ist, wurde für sie prägend. Darin folgte sie der Spur ignatianischer Spiritualität: *»Ich will dem Rat folgen, den der selige Vater Ignatius so sehr empfahl und verwirklichte, nämlich immer in der Gegenwart meines Gottes zu leben« (D 72/34).* Das ist zuerst ein Glaubensbekenntnis: Gott ist da, immer, überall, in meinem Leben, jetzt. Seine Gegenwart »umhüllt und durchdringt uns wie die Luft, die wir atmen, ohne die wir nicht leben können«, heißt es in einem Gebet. »Denn in ihm leben wir, bewegen wir uns und sind wir«, lesen wir in der Apostelgeschichte (17,28).
Für Mary Ward wird der Glaube an die Anwesenheit Gottes dann zur Weise, das eigene Leben zu gestalten. Er ist der Anfangspunkt ihrer Spiritualität, ihrer geistlichen Lebenskunst. In der Gegenwart Gottes will sie wandern, das heißt ihren Lebensweg gehen. Gott ist Begleiter, der mitgeht, Gefährte, der die Gefahr mit mir teilt, Führer, der die Richtung kennt, Freund, dem ich mich anvertraue.

In der Gegenwart Gottes leben

Es ist nicht so leicht, ein Leben in und aus der Gegenwart Gottes zu führen. Tatsächlich können wir nicht immer daran denken, dass Gott anwesend ist. Unser Denken muss sich zu Recht um vieles kümmern, soll sich auf die Arbeit und auf die Menschen, denen wir begegnen, konzentrieren, darf aber auch im Schlaf ausruhen und sich erholen. Das eigentliche Problem setzt jedoch zuvor ein und besteht darin, dass wir immer wieder aus dem Blick verlieren, dass Gott da ist, für uns da ist. Deshalb fügte Mary Ward ihrem Vorsatz, in der Gegenwart Gottes zu leben, sofort die Bitte an: *»Herr, lass das durch deine Gnade für mich mög-*

lich werden, was mir von Natur aus unmöglich zu sein scheint« (D 72/34).

Gegen unsere Begrenztheit können wir uns darin üben, uns immer wieder an die Gegenwart Gottes zu erinnern. Ignatius hat gegen Ende seines Lebens gesagt, die Leichtigkeit, mit Gott in Verbindung zu treten, habe immer mehr zugenommen. Immer wenn er es wolle und zu jeder Stunde könne er Gott finden (BP 99). Das war sicher ein besonderes Geschenk Gottes. Das war aber auch die Frucht lebenslangen Mühens. Ignatius rät in den Exerzitien, jede Gebetszeit so zu beginnen, dass man sich ein oder zwei Schritte vom Gebetsort entfernt hinstellt und für die Dauer eines Vaterunsers erwägt, wie Gott einen anschaut (EB 75). Vielleicht hilft es schon, jedes persönliche Gebet und jeden Gedanken an Gott mit dem Satz zu beginnen: »Gott, du bist da.« Allmählich wird bei allem, was wir zu denken und zu tun haben, dieser Gedanke mitklingen und mitschwingen und zu einer Art Grundmelodie unseres Lebens werden.

Die Tür ist offen

Mary Ward fasste ihre Erfahrung mit Gott in die Worte: *»Wo Gott aufrichtig gesucht wird, steht der Weg zu ihm immer offen« (AB 6, 13).* Oft hat sie Widerstand gegen ihre Ordensgründung erfahren. In einer solchen Situation erkannte sie im Gebet, dass sie *Gedeihen, Zukunft und Sicherheit nicht in Reichtum, Macht oder Fürstengunst* suchen solle, sondern sie *im freien Zugang zu und offenem Eintritt bei Gott* besitzt, *von dem Stärke, Erkenntnis und Schutz kommen (GL 38)* müssen und auch tatsächlich kommen.

In der Welt des Feudalismus, in der man nur durch

Beziehungen, nach langem Warten und hinter vielen Türen und Vorzimmern von den weltlichen oder geistlichen Fürsten empfangen wurde, war dies eine wohltuende Kontrasterfahrung. In der Anonymität unserer Zeit ist sie es nicht minder. Gottes Name heißt: Ich bin da. Sein Wort für mich ist: Komm!
Jesus lädt uns ein, diese Erfahrung zu machen: »Wer bittet, der empfängt; wer sucht, der findet; und wer anklopft, dem wird geöffnet« (Mt 7,8). Seine Botschaft ist ein Evangelium der kurzen Wege. Der Seher Johannes hat für die Gemeinde in Philadelphia die Zusage Gottes: »Ich habe vor dir eine Tür geöffnet, die niemand mehr schließen kann« (Offb 3,8). Die Beziehung zu Gott lässt sich daher mit einer Doppeltür vergleichen, wie sie in alten Häusern noch zu finden ist. Auf der Seite Gottes steht die Tür immer offen. Auf meiner Seite kann die Tür angelehnt oder verschlossen sein. Ich kann sie aber auch öffnen und offen halten. Ich kann mich immer wieder und immer häufiger daran erinnern und daraus leben.
Das bringt tatsächlich einen ungeahnten Reichtum ins Leben. Mary Ward fasste ihre Gotteserfahrung einmal in dieses kurze Gebet: *»O mein Gott, wie freigebig bist du, und wie reich sind die, denen du dich voll Güte zuneigst, um ihnen Freund zu sein« (D 157 B).*

Von Gott verlassen?

Das Gefühl, von Gott verlassen zu sein, kann von unterschiedlichen Erlebnissen herkommen. Zum einen ist es die Rückseite eines lebendigen Glaubens, der sich daraus speist, dass Gott erfahrbar ist: Gott war gestern noch ganz vertraut, das Gebet voller Schwung und Emotion – und heute bleibt alles ganz trocken, schmeckt schal. Alles Mühen scheint vergeblich zu sein, ins Leere zu gehen.

Die andere Form der Verlassenheit kommt aus der äußeren Situation. Wo ein Schicksalsschlag zu verkraften ist, wo die eigene Lebensplanung durchkreuzt wird, wo das dringliche Gebet um Rettung, Heilung, Ausweg keine Wendung bringt, drängt sich die Frage auf: Wo ist nun Gott, Gottes Schutz, Gottes rettender Arm?

Beide Erfahrungen waren Mary Ward nicht fremd. Sie trafen sie aber nicht unvorbereitet, wie wir einem Gespräch mit ihren Mitschwestern entnehmen können. *»Es ist eine der allergefährlichsten Sachen, wenn wir in einer Zeit der Verwirrung, da wir meinen, ganz von Gott verlassen zu sein, uns mit ebendieser Auffassung von Gott distanzieren und von ihm entfernen wollen, da es doch gerade in einer solchen Zeit weit besser wäre, Gott zu suchen und zu ihm zu schreien« (D 1531 W).*

Wenn unser Glaube bedeutet, dass Gott gegenwärtig ist und dass, wie der Jesuit Alfred Delp es formulierte, Gott alle Wege mitgeht, dann ist dieser Glaube unabhängig davon, dass Gottes Nähe fühlbar und aus der momentanen Lebenssituation unmittelbar ablesbar ist. Wie das Kind den Eltern gegenüber Vertrauen lernen muss, um die Zeiten der Angst und des Alleinseins allmählich bestehen zu können, so muss sich aus der Glaubenserfahrung der von der Erfahrbarkeit Gottes unabhängige erwachsene Glaube entwickeln. Das hat mit Entscheidung und Entschiedenheit zu tun. So fährt Mary Ward fort: *»Wenn wir meinen, Gott habe uns verlassen, so ist es das Allerbeste, dass wir ihm mit viel Liebe und aus ganzem Herzen so begegnen, als wäre er tatsächlich bei uns gegenwärtig. (...) Ich für meinen Teil habe bei mir beschlossen, dass ich mit der Gnade Gottes niemals* *die Meinung in mir aufkommen lassen will, dass ich von Gott verlassen sei. Sollte es aber geschehen, dass ich dies denken würde, so wollte ich dennoch mit Liebe und Vertrauen und zugleich in Demut mit ihm reden, als wenn er bei mir wäre« (ebd.).* Das ist ein Glaube, der sich entschieden hat.

Alles zu Gott zurück

Glaube ist mehr als eine Weltanschauung, bei der man einige Grundannahmen über Gott und die Menschen für richtig hält. Glaube ist auch nicht allein das mehr oder minder deutliche Bewusstsein der Gegenwart Gottes. Wenn Gott nicht bloß irgendwo, sondern da ist, wenn Gott nicht unbewegt, sondern in Liebe an mir interessiert ist, wenn Gott nicht unbeteiligt ist, sondern Anteil an meinem Leben nimmt, mir beistehen will und alle meine Wege mitgeht, dann ist die Antwort des Glaubens Beziehung und zunehmende Freundschaft.

Wie kann eine solche Gottesfreundschaft aufgebaut werden und wachsen und sich entwickeln? »Du sollst den Herrn, deinen Gott, lieben von ganzem Herzen, von ganzer Seele, mit ganzem Gemüt und mit allen deinen Kräften«, lautet das erste Gebot. Damit ist schon angedeutet, was für die Antwort der Glaubenden kennzeichnend ist: Alles muss mit, die ganze Person, alle Gegebenheiten, der ganze alltägliche Kram.

Mary Ward entdeckte für sich *die Freiheit,* zu der wir eingeladen sind, *alles auf Gott zu beziehen (D 125).* Das englische Wort ›refer‹, das Mary Ward dabei verwendete, heißt im Lateinischen ursprünglich »zurücktragen, heimbringen«, und genau so ist es gemeint: am Abend eines jeden Tages oder am Ende einer Tätigkeit, ehe eine neue beginnt, bisweilen auch mitten im Geschehen die Beziehung zu Gott suchen, indem ich seine Anwesenheit dankend oder bittend annehme, indem ich innehalte und Gottes, seines Blickes und seiner Stimme innewerde, indem ich zurückbinde, was sich zu verselbstständigen droht, und Situationen, Menschen und alles Geschehende in den größeren Horizont Gottes und in das barmherzige Licht seiner Liebe stelle.

Es mag überraschen, dass Mary Ward dieses Zurückbringen und Auf-Gott-Beziehen als Freiheit erfährt und bezeichnet. Damit ist zunächst gemeint, dass der Weg zu Gott immer offensteht, dass wir einen freien und offenen Zugang zu ihm haben. Darüber hinaus eröffnet diese Rückbindung an Gott gerade eine Freiheit, von der es bei Paulus heißt: »Welt, Leben, Tod, Gegenwart, Zukunft: alles gehört euch, ihr aber gehört … Gott« (1 Kor 3,22–23). Das ist eine zutiefst humane Freiheit: Sie setzt den Menschen frei, ohne ihn zu überfordern.

In guten wie in bösen Tagen

Alles zu Gott zurücktragen und heimbringen ist bei Mary Ward ganz konkret und praktisch gemeint. So betete sie und lehrt uns beten: *»Was zufriedenstellend ist, will ich bei Gott aufheben und in allen Leiden und Nöten zu ihm eilen um Abhilfe und Ausgleich« (D 213 A).*

Im Blick auf das eigene Leben Dank und Bitte zu Gott bringen, ist der Grundvollzug menschlichen Betens. Dennoch muss er immer wieder eingeübt und in Treue durchgehalten werden. Auch die rechte Balance zwischen Lob und Klage stellt sich nicht automatisch ein. Vermutlich könnte man die Menschen in

Dank- und Bitt-Typen unterteilen, je nachdem, ob bei ihnen eher der Blick auf das Schöne und Gelungene oder die Erfahrung des Negativen, Schwierigen, zu Bewältigenden im Vordergrund steht.
Die positiven Erfahrungen will Mary Ward bei Gott aufheben, unterbringen und bewahren. Im englischen ›store‹ klingt die Vorratskammer, das Lagerhaus mit. Es ist gut, einen Vorrat guter Erfahrungen zu haben und im Gedächtnis zu bewahren, gerade auch für schwere Zeiten. Es gibt eine kleine geistliche Übung, die dazu einlädt, auf die »sieben Freuden des Tages« zu achten. Wer damit beginnt, wird schnell entdecken, dass die Sieben hier nicht als Zahl der Mathematik, sondern als Begriff der Fülle gemeint ist, wenn erst einmal der Blick auf das Schöne gerichtet ist und auf all das, was nicht selbstverständlich ist, was wir aber dankbar annehmen dürfen.
Das Negative, alle Leiden und Nöte, große und kleine, bringen Mary Ward nicht von Gott weg. Nein, sie eilt zu ihm und weiß auch schon, was sie erwarten darf: Abhilfe oder Ausgleich. Gott nimmt das Schwere nicht immer aus unserem Leben, wenn wir ihn auch noch so darum bitten. Manchmal erfahren wir Abhilfe, manchmal auch nicht. Womit wir aber immer rechnen dürfen, ist der Ausgleich. Das englische Wort dafür, »supply«, bedeutet heute auch »Aufladegerät«. Wir dürfen vertrauen, dass uns die Kraft zuwächst, den schweren Weg zu gehen, dass uns Menschen beistehen, dass wir Licht am Ende des Tunnels sehen werden. Paulus spricht vom Trost, wenn er schreibt, Gott tröste ihn in aller Not, damit er die Kraft habe, andere zu trösten: »Wie uns nämlich die Leiden Christi überreich zuteil geworden sind, so wird uns durch Christus auch überreicher Trost zuteil«, und im Blick

auf seine Adressaten: »Wir sind sicher, dass ihr mit uns nicht nur an den Leiden teilhabt, sondern auch am Trost« (2 Kor 1,5.7).

Dienstausstattung

Wenn gegen Ende der ignatianischen Exerzitien dazu eingeladen wird zu beten: »Nimm hin, Herr, und empfange meine ganze Freiheit, mein Gedächtnis, meinen Verstand und meinen ganzen Willen ...« (EB 234), dann schrecken manche vor einer solchen Aussage zurück, als ob Gott einen Freibrief zur willkürlichen Zerstörung der betreffenden Person haben wollte. Man muss sich den Ritter Ignatius vor Augen stellen, der sich seinem Lehnsherrn anvertraute und sich mit allen Kräften und Fähigkeiten, mit Leib und Leben in seinen Dienst stellte, um dieses Gebet richtig zu verstehen. Bei Mary Ward liest sich dasselbe so: *»Von gesundheitlicher Kraft, Schönheit oder anderen Fähigkeiten, die für Gottes besseren Dienst wünschenswert sind, will ich ihm geben, was ich habe. Und was mir fehlt, will ich in ihm finden, indem ich demütig akzeptiere zu entbehren, was von seiner Vorsehung entzogen ist« (D 213 A).*

Beide Seiten der Medaille werden betrachtet. Die Fähigkeiten, Begabungen, guten Eigenschaften, Kraft, Gesundheit, Ideenreichtum usw. werden dankbar akzeptiert, als brauchbar für Gottes Dienst eingestuft und demgemäß dafür hergegeben. Der Einsatz für Gott und sein Reich ist jedoch keineswegs nur Erfolgsgeschichte. Das bekommt jeder zu spüren, der daran teilnimmt. Je mehr ich mich dafür engagiere, desto schmerzlicher ist es, an die eigenen Grenzen zu stoßen und zu entbehren, was doch so hilfreich wäre. Der Apostel Paulus brachte die Erfahrung des kleinen oder größeren Sterbens ins Wort: »Leben wir, so leben wir dem Herrn, sterben wir, so sterben wir dem Herrn. Ob wir leben oder ob wir sterben, wir gehören dem Herrn« (Röm 14,8). Wenn Gott als Herr des Lebens begriffen wird, entfällt der Druck, das eigene Leben selbst bilanzieren und endgültig bewerten zu müssen. Das macht frei.

Fehlbar

Das eigene Fehlverhalten und Versagen darf nicht ausgeblendet werden, wenn alles zu Gott zurückgebracht wird. Mary Ward nimmt wahr und erkennt an, was in ihrem Denken, Sprechen und Handeln nicht richtig war. Zugleich weiß sie um die Barmherzigkeit und Vergebungsbereitschaft Gottes: *»Von der Sünde will ich mich abwenden durch einen liebenden Blick auf Gott und weg von der Sicht auf mein eigenes Versagen wieder zu ihm hin, mit der Anerkenntnis dessen, was ich getan habe« (D 213 A).*

Sie bleibt nicht in der Zerknirschung stecken, die manchmal leicht nur die Kehrseite von Perfektionismus ist. Die Sünde wird anerkannt, aber nicht überbetont. Das Wesentliche ist nicht das eigene Versagen, sondern die erneute Hinwendung zu Gott. Nur sie führt weiter. Nur in ihr besteht Hoffnung, die Sünde zu überwinden.

Diese Haltung ist umso bemerkenswerter, als zu Mary Wards Zeit Gewissenserforschungen und Sündenbetrachtungen im geistlichen Leben einen breiten Raum einzunehmen pflegten. Im Gegensatz dazu bleibt ihr Blick auf Gott gerichtet. Seine Nähe wird gesucht. Zu ihm wird alles, wirklich alles zurückgebracht, also auch das, was wir moderne Menschen im geheimen Unschuldswahn unserer Zeit gern unter den Teppich kehren würden.

Die Schuld Adams und Evas bestand ja nicht darin, dass sie aus Neugier Gottes Gebot übertreten hatten, sondern darin, dass sie Gott misstrauten und sich vor ihm versteckten. Wie wäre die Geschichte weitergegangen, wenn sie mit ihrer Tat zu Gott gelaufen wären und ihm alles hingehalten hätten?

Nicht Furcht, sondern Liebe

Von einer Zeit innerer Trockenheit schreibt Mary Ward, dass sie Schwierigkeiten damit hatte, wie ihr damaliger Beichtvater sie führte: *»Er leitete mein Gewissen ausschließlich auf dem Weg der Furcht. Zum Beispiel sollte ich mich selbst hassen, die Gerichte Gottes fürchten, vor den Qualen der Hölle zittern. Zu all dem war ich unfähig. Erstens konnte ich den Feind alles Guten nicht fühlbar hassen, noch viel weniger mich selbst, die ich viel zu sehr liebte. Mich mühen aus Liebe bis hin zum Tod schien mir leicht, aber Furcht machte wenig Eindruck auf mich. Ich war – mit Hilfe der Gnade Gottes – entschlossen, mir niemals die Hölle zu verdienen, und von den Umständen dort konnte ich mir keine so lebhafte Vorstellung machen, wie der Pater es wollte« (AB 6, 19).*

Wie vielen Menschen zur Zeit Mary Wards und vorher und nachher mag es ähnlich ergangen sein? Selbsthass und Angst vor Gott sind nicht vereinbar mit »der Freiheit der Kinder Gottes« (vgl. Röm 8,21), zu der wir berufen sind. Vielmehr sind wir dazu aufgefordert, den Nächsten zu lieben wie uns selbst. »Fürchtet euch nicht; fürchte dich nicht«, heißt es dreihundertfünfundsechzig Mal in der Bibel. Wie könnte ich Gott lieben, wenn ich Angst vor ihm haben müsste? Wie könnte ich ihn lieben »von ganzem Herzen, von ganzer Seele, mit ganzem Gemüt und mit allen meinen Kräften«, wenn dieses mein Selbst abzuwerten und zu verabscheuen wäre? Wie befreiend, wie gesund, wie human dagegen der Ansatz Mary Wards: *mich mühen aus Liebe*, das heißt, lieben und tun, was ich zu tun vermag.

Gott zur Freude

Alles in die Beziehung zu Gott bringen ist nicht nur eine Sache der Reflexion, des Zurückschauens. Allmählich wird daraus eine Haltung, die auch das Gegenwärtige und Zukünftige einschließt. Was war, wird zu Gott zurückgebracht. Die Gegenwart wird auf Gott hin durchleuchtet. Was ansteht und zu tun ist, wird auf ihn hin ausgerichtet: *»Besonders aber bei jeder Handlung eine große Sehnsucht, dass Gott gerade darin erfreut werde« (D 213 A).*

Zur Abwendung von dem, was Gott missfällt, gesellt sich die Hinwendung zu dem, was ihm gefällt. Der liebende Blick zu Gott wird sozusagen präventiv eingesetzt. Wenn mein Tun und Lassen, mein Denken und mein Sein darauf ausgerichtet sind, Gott zu gefallen und ihm zu entsprechen, und das mit sehnsüchtigem Verlangen, dann wird das mein Herz so ausfüllen, dass für weniger edle Nebenabsichten kaum mehr Platz bleibt.

Allerdings hat der Gedanke, etwas zu tun, um einem anderen zu gefallen, möglicherweise einen negativen Beigeschmack. Wir sind keine Kinder mehr, deren Handeln darauf ausgerichtet ist, den Eltern zu gefallen. Was wir tun, soll unabhängig davon sein, soll aus innerer Überzeugung geschehen. Sich gegenseitig einen Gefallen zu erweisen, ist darüber hinaus im Geschäftsbereich zwar üblich, führt aber bisweilen in eine moralische Schieflage. Der entkommen wir erst, wenn es wirklich um Freundschaft und um Liebe geht. Da ist der Gedanke, dem anderen eine Freude zu machen, ganz selbstverständlich. Nur so kann ja von einer Beziehung wirklich die Rede sein, wenn mein Handeln und Sein im anderen eine Antwort hervorruft.

Es ist für Gott weder gleichgültig noch nebensächlich, wie ich mich verhalte, was ich tue, wie ich vor und mit ihm lebe. Von manchen Menschen heißt es in der Bibel, sie taten, was Gott missfiel. An Jesus hat Gott Gefallen gefunden (vgl. Mk 1,11). Vor den Hirten verspricht der Engel den Menschen seines Wohlgefallens den Frieden (Lk 2,14). »Wir setzen unsere Ehre darein, Gott wohl zu gefallen«, heißt es bei Paulus (2 Kor 5,9 nach der Luther-Übersetzung); »wir setzen alles daran, ihm Freude zu machen« (so die Version von Albert Kammermayer). Es fehlt uns im Deutschen das rechte Wort dafür. Vielleicht erschließt sich das Gemeinte am ehesten in der Frage eines kleinen Jungen an seine Großmutter: »Bist du froh, dass du mich hast?«

2. Bereit zum Guten

Spiritualität ist die Weise, wie wir aus dem Glauben unser Leben gestalten: was wir tun, was wir nicht tun und wie wir unsere Entscheidungen treffen. Geistliche Lebenskunst ist die Kunst, den Glauben praktisch werden zu lassen. Für Mary Ward geht es darum, für das Gute bereit und fähig zu werden.

Das ganz normale Leben

Alles soll zu Gott zurückgebracht werden; nichts darf ausgeklammert werden. Alles muss mit in die Beziehung zu Gott. Das ist gegen die immerwährende Versuchung gesagt, das Religiöse in irgendeiner Weise vom profanen Leben loszulösen und abzutrennen.

Über ihre Zeit der strengen Askese bei den Klarissen dachte Mary Ward später, Gott habe sie vorbereiten und wohl auch eine Versuchung von ihr nehmen wollen; denn *»hätte sie es nicht selbst erprobt, wäre sie, die immer nach dem Besten strebte, vielleicht der allgemeinen Auffassung gefolgt, dass sich Vollkommenheit an der Übung von Strengheiten messe« (Vita E, 12v).* Die zu ihrer Zeit weit verbreitete Praxis leibfeindlicher Bußübungen war nicht das, was Gott von ihr wollte. Ebenso wenig fand sie es in dem in langer Tradition gepflegten Streben nach mystischer Vereinigung mit Gott. Was sie als seinen Willen erkannte, war *»nicht wie der Zustand von Heiligen, deren Heiligkeit sich hauptsächlich in solcher Vereinigung mit Gott zeigt, die sie außer sich sein lässt« (D 125).*

Für Mary Ward beginnt das geistliche Leben damit,

sich der Gegenwart Gottes immer wieder bewusst zu werden und sie immer mehr im Bewusstsein zu behalten. So kann man *»zu Beginn jeder Tätigkeit daran denken, dass Gott auf einen schaut« (D 1532 F, 273).* Gebet und Aktion werden nicht voneinander getrennt, sondern gehen zusammen. Das Gebet löst sich jedoch nicht in Aktion auf. Es eröffnet vielmehr die Perspektive für das Handeln, es bleibt die Perspektive im Handeln und bringt schließlich das Handeln und alles Geschehene wieder zu Gott zurück.
Beim Unterrichten heißt das zum Beispiel, *»Gott vor Augen zu haben, wie er mit Vergnügen auf mich und all die Kinder schaut und sich freut, unsere Mühen mit ihnen und die Schönheit ihrer Seelen zu sehen« (ebd.).* Bei eher einfachen, praktischen und wenig attraktiven Tätigkeiten *»denkt entweder, dass ihr sie mit Christus tut, wie er seinen Eltern in solchem Gehorsam diente, oder aber dass ihr sie im Haus von Martha und Maria zu seinem Dienst tut. Indem ihr das praktiziert, werdet ihr immer in der Gegenwart Christi sein und all eure Taten reich an Wert und Tugend; denn ihr werdet nicht wollen, dass irgendetwas fehlt, wenn Christus sich anschickt, in eurem Haus zu wohnen, dass er euch untätig sieht, dass er etwas verschlampt oder in Unordnung vorfindet, dass er euer Haus schlecht bestellt sieht oder dass er euch erregt reden hört oder sieht, wie ihr jemand eine Antwort verweigert oder euch weigert, zu helfen, zu raten oder jemandem einen Gefallen zu tun. Mit der Zeit werdet ihr nicht haben wollen, dass er euch in schlechter Laune findet« (ebd., 276f.).*

Gott in mir

Es war der 10. Oktober 1619. Mary Ward befand sich in Exerzitien. Über das, was sie in der Gebetszeit erfuhr, notierte sie anschließend: Gott *»war mir sehr nahe und in mir, wie ich ihn nie zuvor wahrgenommen hatte.«* Sie fühlte sich angeregt, Gott nach dem zu fragen, was Inhalt der Meditation sein sollte, nämlich nach seinem Wesen. *»Ich sah ihn unverzüglich und sehr klar in mein Herz eingehen und sich nach und nach darin verbergen« (D 213 G).*

Gottes Gegenwart verdichtet sich gleichsam in der Mitte der Person, entsprechend dem Wort Jesu aus dem Johannesevangelium: »Bleibt in mir, dann bleibe ich in euch« (Joh 15,4). Eine solche Anwesenheit ist deutlich und klar wahrnehmbar und zugleich eine verborgene, sich verbergende. Gottes Platznehmen ist kein Besitzergreifen, sondern eine leise, zwar vernehmbare, aber auch leicht überhörte und übersehene Gegenwart. Gott ist da und lässt zugleich noch Platz im menschlichen Herzen.

Laut Überschrift war die Exerzitienübung darauf ausgerichtet, angesichts der Größe Gottes die eigene Kleinheit zu erwägen und auf diesem Weg zur Demut zu kommen. In dem, was Mary Ward widerfuhr, zeigte sich jedoch Gott in seiner Demut, in seiner dienstbereiten Liebe, die in ihr Herz einziehen, sich bescheiden einrichten und dauerhaft darin wohnen will.

Zuvor hatte Mary Ward sich vom Ideal einer Vereinigung mit Gott distanziert, *die einen außer sich sein lässt.* Nun kam es zur völligen Umkehrung. Gott wird, wo man ihn einlässt, zum Zentrum des Lebens, von dem alles ausgeht und zu dem alles zurückführt. In mir ist Gottes Ort, nach den Worten des Augustinus mir näher, als ich mir selbst je sein kann, und dabei völlig unspektakulär, versteckt und darauf angewiesen, dass ich seiner innewerde und seiner Anwesenheit in meinem Herzen Raum gebe.

Das Gewöhnliche gut tun

Für Mary Ward gehört zu einem glücklichen Leben die *»völlige Hingabe und rechte Eignung zu allen guten Werken« (D 125).* Die Qualität unseres Lebens hängt nicht am Außerordentlichen, von dem wir manchmal träumen, sondern daran, ob uns das Gewöhnliche gut gelingt. Keine Tätigkeit ist so gering, dass sie in den Augen Gottes keine Bedeutung hätte. Das, was wir tun, ist Gottesdienst, Dienst für Gott. *»Das ist Wahrheit, dass wir das, was wir zu tun haben, gut tun. Viele Leute achten es für gering, gewöhnliche Dinge zu tun. Aber für uns gilt: gewöhnliche Dinge gut tun« (D 166 A, 226),* sagte Mary Ward ihren Gefährtinnen. Nicht in hehren Absichten noch im frommen Gehabe liegt die wahre Frömmigkeit, sondern in der Ausrichtung des Alltags darauf, mit und in ihm Gott zu gefallen. Wir dürfen glauben, dass Gott dadurch und darin eine Freude gemacht wird. Umgekehrt müssen wir davon ausgehen, dass wir durch unsere Nachlässigkeit, unsere Unachtsamkeit und unser Versagen Gott zusätzliche Arbeit machen, wie es bei Jes 43,24 geschrieben steht.

Ganze Hingabe und rechte Eignung sind Voraussetzungen für das rechte Handeln, dass wir also das, was wir sollen, auch wollen, und dass wir das, was wir wollen, auch können. Die gute Absicht allein genügt nicht, wenn die nötigen Fähigkeiten nicht vorhanden sind oder erworben werden können. Umgekehrt bleiben die Begabungen ungenutzt und die Talente vergraben, wenn die Bereitschaft fehlt, sie einzusetzen und sich selbst zu engagieren und herzugeben. Dieser grundsätzliche Zusammenhang bleibt bestehen, auch wenn wir ihn in den größeren Horizont der Gnade Gottes stellen dürfen. Diese müht sich vor und mit uns: »Denn Gott ist es, der in euch das Wollen und das Vollbringen bewirkt, noch über euren guten Willen hinaus« (Phil 2,13).

Für das Unterwegssein der Schwestern, wenn sie Menschen besuchen, um ihnen zu raten und zu helfen, gab Mary Ward die Anweisung (D 1531 O): *»Wir sollen niemals ausgehen, etwas zu verrichten, ohne zuvor Gott zu bitten, dass all unsere Worte und Handlungen andere ermutigen mögen.«* Im Tun sollen wir uns dann da rauf konzentrieren, *»wie wir alles so tun können, dass die Menschen aufgerichtet werden«*. Das ist ganze Hingabe, das ist Übereinstimmung von Gebet und Leben.

Wie Gott zum Guten bewegt

In Exerzitien mit den »Hindernissen zur Vollkommenheit« beschäftigt, erkannte Mary Ward, dass alle *»Bewegungen, die zum Gutsein anspornen, ob sie mit mehr oder weniger Wirkung kommen, so wie sie an sich sind, immer von Gott kommen« (D 198 D).* Derartige Impulse zum Handeln geschehen auf vielerlei Weise, sei es, dass wir sie als Ideen und Antriebe in unserem Inneren vernehmen, sei es, dass sie uns in Situationen, Begegnungen und äußeren Gegebenheiten geradezu anspringen oder aber leise anrühren, sei es schließlich, dass ein Wort der Heiligen Schrift sich mit unserem Innen oder Außen so verbindet, dass in seinem Licht aufleuchtet, was zu tun ist.

Es sind Anregungen zum Guten, zur Freude, zur Vergebung, zur Liebe, vielleicht eine Anregung, wie ich Menschen begegnen könnte, welches Wort das rechte ist, einen Mutlosen aufzurichten, mit welchem Handgriff einer Not abzuhelfen ist, mit welcher Aufmerksamkeit das Leben eines anderen ein wenig heller wird.

Die Aufgabe des Menschen ist es, mit den Anregungen zum Guten mitzuwirken. Dabei sind wir ganz frei, wir können uns dafür oder dagegen entscheiden. Wir können das Gute tun oder unterlassen. Wir stellen damit immer wieder die Weichen, ob unser Leben so wird, wie Gott es haben will, oder nicht. In diesem Sinn notierte Mary Ward: *»Und ich, mein Gott, die ich ein geistlicher Mensch sein sollte, habe der Ablehnung oder Geringachtung guter Bewegungen immer so wenig Beachtung geschenkt (...), obwohl wir doch entsprechend unserer Geringachtung oder Mitwirkung für immer glücklich oder unglücklich sein werden (ebd.).«*

Im Gleichnis vom Weltgericht wird deutlich, dass letztlich nicht unsere Frömmigkeit und das Halten der Gebote den Ausschlag über das Gelingen unseres Lebens geben, sondern die Art und Weise, wie wir in unserem Leben auf die Situationen reagiert haben, die uns zum Gutsein aufgefordert haben: »Denn ich war hungrig, und ihr habt mir zu essen gegeben ...« (Mt 25,31–40).

Ein wenig Mühe

Mitwirkung ist eine durch und durch wechselseitige Angelegenheit. Wir wirken mit dem mit, wozu Gott uns anregt. Gottes Gnade wirkt mit, damit unser Bemühen gelingt. So kann sich Paulus einerseits als »Mitarbeiter Gottes« verstehen (1 Kor 3,9; 2 Kor 6,1), andererseits sagt er von seinem Mühen, »nicht ich, sondern die Gnade Gottes zusammen mit mir« (1 Kor 15,10).

Mary Ward notierte, sie erkenne oft in der Meditation vor Gott, *»dass alles Gute von ihm kommt; dass meine Entschiedenheit, seinen Willen zu erkennen und zu tun,*

notwendig ist, um das Gute, das er in meiner Seele gewirkt haben will, zur Vollendung zu bringen; dass ich mich mühen muss oder nichts erreiche, dass ich es aber nicht durch mein Mühen erreiche« (D 225 A).
Zuvor hatte sie in Bezug auf das Freiwerden von dem, was Gott weniger gefällt, geschrieben: *»Das schien der Weg zu sein, dass man es zuerst erkennen soll, dann danach verlangen und sich ein wenig darum bemühen, und dass Gott das Übrige tun wird« (D 198 A).* Und mit Blick auf die Freiheit, die die Apostel in der Nachfolge Jesu gewonnen hatten, meinte sie: *»Mir kam vor, der beste Weg, es zu erreichen, sei für mich zuerst, danach zu verlangen, dann es von Gott zu erbitten, danach sich darum zu bemühen« (D 198 F).* Beide Aussagen zusammengenommen, ergibt sich der Weg, wie das Gute verwirklicht werden kann. Der erste Schritt ist das Erkennen dessen, was Gott getan haben will. Der zweite Schritt besteht im Verlangen, es tun zu wollen, und zugleich in der Bitte an Gott um seine Mithilfe und Mitwirkung. Der dritte Schritt ist die eigene Mühe, die freilich nicht das Entscheidende vollbringt: Gott wird das Übrige tun. Oder wie Mary Ward etwas später erkannte: *»... dass ich mich so eine kurze Zeit mühen soll, dass aber nach dieser kleinen Weile Gott mir ohne meine Mühe geben würde, was ich nun suchte« (D 212 A).* Es lohnt sich, dieses Naturgesetz der Gnade im Blick auf das eigene Leben zu entdecken.

Die Liebe zu den Armen

Die Inschrift auf ihrem Grabstein fasst Mary Wards Lebensziel in die Worte: *»die Armen lieben«.* Sie hielt es für ihre höchste Pflicht, *»das Leben zu geben für die Seligkeit unserer Nächsten und unsere Güter für ihren Lebens-*

unterhalt, und zwar nicht vom Überflüssigen, sondern so, dass wir es spüren« (Vita E, 85r).
Ihre Biographin berichtet, dass die Liebe zu den Armen in der Art und Weise deutlich wurde, wie sie mit ihnen redete, wie sie sie bediente und wie sie über sie sprach. *»Sie wollte niemals etwas abschlagen, um was sie gebeten wurde, soweit es in ihrer Macht stand, und sie wollte sicher sein, dass es nicht in ihrer Macht stand oder sie es nicht ermöglichen konnte, indem sie nicht zögerte, deshalb zu leihen oder zu betteln und zu geben, was sie hatte, wenn sie das nicht hatte, um was sie gebeten wurde« (ebd., 86v–87r).*
Wenn es darum ging, den Armen zu geben, konnte sie sehr heftig reagieren, wenn verschiedene Speisen zusammengeschüttet wurden oder das Geschirr nicht sorgfältig gereinigt war. Sie gestattete nicht, dass Bettler hart angefahren oder unhöflich behandelt würden. In einer ihrer Ansprachen weist sie darauf hin, dass Handlungen, die an sich gut sind, auf unpassende Weise ausgeführt werden können und auch in den kleinsten Dingen unterscheidende Liebe notwendig ist. Als Beispiel führt sie an, wie unpassend es wäre, einen Armen auf die gleiche Weise anzusprechen wie eine hochstehende Persönlichkeit, *»obgleich wir wissen, dass den Ärmsten von allen wahre Höflichkeit geschuldet ist« (D 166 B, 242f).*

Mut vor den Mächtigen

Von Natur aus war Mary Ward schüchtern, als Jugendliche errötete sie häufig. Sie sehnte sich nach Zurückgezogenheit, Abgeschiedenheit und Stillschweigen und wählte deshalb das Leben im Klarissenkloster. Im Mitwirken mit dem, was Gott ihr auftrug, lernte sie jedoch von sich sagen: *»Ich kann es nicht für eine gro-*

ße Affäre halten, bei entsprechender Gelegenheit zu Fürsten oder wem auch immer zu sprechen, um das, was notwendig ist, zu bewirken oder voranzubringen« (D 166 C, 255).
Von ihrer Audienz bei Papst Urban VIII. im Oktober 1624 berichtete sie, sie habe den Papst gebeten, »*auf Erden das zu bestätigen, was im Himmel seit aller Ewigkeit bestätigt sei« (D 549).* Ihre Besprechung mit der für die Entscheidung zuständigen Kardinalskongregation beschrieb sie folgendermaßen: *»Hier haben seit Montag in der Karwoche solch heiße Verhandlungen zwischen den guten Kardinälen und uns stattgefunden, wie man sie in vielen Jahrhunderten nicht, wenn überhaupt, erleben wird, speziell in Angelegenheiten, in denen allein Gott gedient und nur er gesucht wird« (D 568).*
Die Überzeugung, Mitwirkende zu sein, entlastet. Ich muss es nicht allein machen. Ich habe nicht einmal die Hauptlast zu tragen. Gott kommt meinem Tun mit seiner Gnade zuvor, er regt es an, er begleitet es, er führt es ans Ziel*: »Für meinen Teil ist alles, was ich tue oder tun soll, nichts und tatsächlich so gering und einfach, dass ich in nichts eine Schwierigkeit finde« (D 166 C, 255).*

Die Feinde lieben

Mary Wards Werk hatte zahlreiche, zum Teil sehr einflussreiche Gegner. In verschiedenen Briefen, die aus Vorsicht verschlüsselt wurden, belegt sie sie mit dem Decknamen »*Jerusalemer*« in Anspielung auf das Lebensschicksal Jesu und seine Auslieferung durch die eigenen Landsleute, das sich in dem Wort bündelt: »Jerusalem, Jerusalem, du tötest die Propheten und steinigst die Boten, die zu dir gesandt sind« (Mt 23,37; Lk 13,34).
Mary Ward blieb in den Anfeindungen und Verleum-

dungen nicht bei sich stehen, sondern brachte dieselben zu Gott und erfuhr, dass sie dadurch näher zu Christus und tiefer in seine Nachfolge geführt wurde, getreu der Aussage Jesu: »Der Sklave ist nicht größer als sein Herr. Wenn sie mich verfolgt haben, werden sie auch euch verfolgen« (Joh 15,20). Aus diesem Zusammenhang muss gedeutet werden, was eine Inschrift des Gemalten Lebens (GL 41) berichtet: Sie habe am 26. Juni 1625 in Rom von Gott eine solche Erkenntnis über die Verzeihung den Feinden gegenüber erhalten, dass sie dadurch eine große Liebe zu ihnen gewonnen habe und sie *»beständige Freunde und Liebhaber ihres himmlischen Gewinns«* zu nennen pflegte.

Zugleich wird deutlich, dass die Fähigkeit, die Feinde zu lieben, nichts ist, was ein Mensch aus eigener Kraft erreichen kann. Wir dürfen annehmen, dass Mary Ward danach verlangt, sie von Gott erbeten und sich um sie bemüht hat, um dann zu erfahren, wie Gott das Übrige tat. Die Folge war eine Entschiedenheit, den Feinden von ganzem Herzen zu verzeihen und für sie zu beten, wie sie selbst aus der Inquisitionshaft schrieb: *»Täglich bitte ich ernsthaft Gott auf meine armselige Weise, dass er all unseren Gegnern völlig verzeihe.«* Mit Blick auf einen plötzlich und unerwartet verstorbenen Gegner fügte sie hinzu: *»und dass er sie (Gottes Herrlichkeit) sehen lässt, ohne sie weiter zu bestrafen« (D 1158).*

Bezüglich derselben Zeit der Inquisitionshaft gestand ihre Biographin, dass es ihr schwerfiel, einem Priester oder Ordensmann ohne Groll zu begegnen, dass sie aber von Mary Ward deutlich zurechtgewiesen wurde, *»die uns allen den Schatz einzuprägen versuchte, den sie selbst in einem unaussprechlichen Maß in der Liebe zu den Feinden besaß« (Vita E, 45r).*

Das Gebet für ihre Feinde fand erst dort seine Grenze, wo Gott selbst es zurückwies. Im Gebet für jemanden, der ihr übel mitgespielt und ihr Vertrauen missbraucht hatte, erfuhr sie von Gott *»eine befremdliche und ungewohnte Zurückweisung«* und erhielt, als sie ihr Gebet fortsetzen wollte, die Antwort: *»Es ging nicht gegen dich, sondern gegen mich« (ebd., 88r).*

Das Rechte

Frömmigkeit ist nicht das religiöse Extra, mit dem wir unser Leben verbrämen, sondern die gläubige Haltung, in der wir leben und unser Leben bestehen. Mary Ward bezeichnete die Grund-Haltung des frommen, auf Gott ausgerichteten Menschen mit dem Wort *Gerechtigkeit.* Es ist nicht leicht, hinter dem uns aus juristischen und sozialethischen Zusammenhängen geläufigen Begriff die biblische Bedeutung des Wortes Gerechtigkeit zu erfassen. In ihr geht es vor allem darum, dass das menschliche Zusammenleben gelingt. In der »Goldenen Regel« der Bergpredigt wird das praktisch: »Alles, was ihr also von anderen erwartet, das tut auch ihnen« (Mt 7,12).

Gerecht ist in erster Linie Gott. So fordert uns wiederum die Bergpredigt auf, es müsse uns »zuerst um sein Reich und um seine Gerechtigkeit gehen«; alles andere werde uns dazugegeben (Mt 6,33). Da Josef gerecht ist (Mt 1,19), tut er nicht, was sein gutes Recht wäre, und gibt Maria nicht der Härte des Gesetzes preis. Er trachtet danach, ihr gerecht zu werden, obwohl er zutiefst enttäuscht und verletzt sein muss. Indem er so die größere Gerechtigkeit Gottes sucht, kann er, »während er noch darüber nachdachte« (V. 20), empfänglich werden für das, was Gott getan haben will und was all seine Vorstellungen übersteigt.

Mary Ward nennt Menschen, die frei von Anhänglichkeiten jeglicher Art sind, die sich dem Guten in all seinen Formen hingeben und sich die entsprechende Tauglichkeit erworben haben, *gerechte Menschen*. Es sind die Menschen, die Gott gefallen. Ihre Werke, *im Stand der Unschuld getan*, sind für Mary Ward *Werke der Gerechtigkeit (D 125)*. Sie sieht in der so verstandenen Gerechtigkeit den Urzustand des Menschen, denn sie ist überzeugt: So sind wir von Gott gemeint, dazu sind wir von Gott geschaffen.
Mary Ward sehnte sich nach diesem Ideal, *»wo die Sinne der Vernunft gehorchten und die Vernunft dem göttlichen Willen, wo es weder Dunkelheit des Verstehens noch Neigung zum Bösen gäbe, wo der Geschöpfe Handeln dem Willen ihres Schöpfers entspräche und ihre Zufriedenheit daher käme, dass ihr Gott sich an ihnen freut« (D 196 C)*. Sicher ist das aus eigener Kraft nicht zu erreichen. Dennoch ist Mary Ward nicht pessimistisch. Sie sehnt sich danach, sich diesem Zustand anzunähern, wiewohl sie weiß, dass *»Dunkelheit im Verstehen und eine Neigung zur Sünde bestehen bleiben (zumindest in einem gewissen Grad)« (ebd.)*. Das kann sie nicht hindern, diesen Zustand als Ziel vor Augen zu haben und ihn als Gnade von Gott zu erbitten.

Das innere Feuer

»Fervor« ist ein Begriff der christlichen Tradition, für den es im Deutschen kein Äquivalent gibt. Zunächst ist konkret das Sieden, die Hitze, die Glut gemeint, im Übertragenen bedeutet das Wort dann die Leidenschaft für eine Sache, die Inbrunst, den Eifer. Benachbarte Begriffe sind Begeisterung und Enthusiasmus, vielleicht auch Elan. Doch trifft keines dieser Worte das Gemeinte ganz. Daher wollen wir uns mit dem bildlichen Ausdruck »inneres Feuer« behelfen. Dieses ist nach Mary Ward eine *»zuvorkommende Gnade Gottes und ein von Gott gratis verliehenes Geschenk, das wir uns nicht verdienen können« (D 166 A, 218).* Wir müssen es uns auch nicht verdienen.

Als göttliches Geschenk, ja als uns innewohnender göttlicher Funke kann es wohl nicht ganz verlöschen, erkalten und damit endgültig verloren gehen, wie Mary Ward meinte. Sicher aber kann dieses Feuer nachlassen, klein werden und zu erlöschen drohen. Andererseits kann es auflodern und Licht und Wärme verbreiten. Jesus sagt von sich: »Ich bin gekommen, um Feuer auf die Erde zu werfen. Wie froh wäre ich, es würde schon brennen!« (Lk 12,49).

Es liegt in der Entscheidung und Mitwirkung des Menschen, wie viel Raum und Nahrung dem Feuer gegeben wird. Fervor in diesem Sinn besteht *im Willen, gut zu handeln und das Rechte zu tun (vgl. ebd., 223).* Daher kann das Feuer auch in Zeiten geistlicher Trockenheit wirksam bleiben, denn es hat seinen Ort nicht in den Gefühlen, sondern in der Entschiedenheit. Umgekehrt wird die Entschiedenheit, das Gute zu tun, *»mit Gottes Gnade das innere Feuer erhalten« (ebd., 226).*

3. Unabhängig werden

Der Glaube an Christus macht frei, das zu betonen wird der Apostel Paulus nicht müde. Bei Mary Ward haben Unabhängigkeit und Freiheit zwei Stoßrichtungen: unabhängig werden von den Dingen, in dem Sinn, dass man sie auch loslassen kann, und frei werden von Selbsttäuschung und falschen Einschätzungen.

Das höchste Gut?

Wer allmählich lernt, alles auf Gott zu beziehen und zu ihm zurückzubringen, wird fähig, die Dinge im rechten Licht zu betrachten, ihre Bedeutung zu relativieren, unheilvolle Anhänglichkeiten zu lösen und falsche Orientierungen zu revidieren. Es ist dabei nicht der Diogenes im Fass gemeint, der sich von allen irdischen Gütern verabschiedet hat und anscheinend nichts anderes braucht, als dass wir ihm aus der Sonne gehen. Es geht nicht darum, sich von der Welt mit all den irdischen Gütern zu distanzieren. Ich darf und kann alles Geschaffene, die Natur und das vom Menschen Geschaffene, nutzen und genießen. Aber ich darf mich nicht einfangen lassen, meinen Wert nicht daraus ableiten, muss auch wieder loslassen können.
Das höchste Gut sei die Gesundheit, kann man immer wieder hören. Das kann freilich nicht stimmen, denn sonst dürfte es keine Gesunden geben, die unglücklich sind. Noch viel weniger wäre es dann denkbar, dass Kranke irgendeine Form von Glück kennen. Mary Ward will, was sie an Gesundheit und Kraft besitzt, gern und dankbar einsetzen. Was ihr daran fehlt,

will sie nicht bejammern, sondern akzeptieren, wie es ist.
Gesundheit ist ein Gut. Wohlstand ist ein Gut. Erfolg, Ansehen, Können, Einfluss, Kunstgenuss, gutes Essen und Trinken, Freizeit, Freundschaft, Sexualität, Familie, Heimat, Beziehung, Anerkennung, Geliebtsein sind Gegebenheiten, die für den Menschen wichtig sind und nicht gering geachtet werden sollen. Man kann sie für ein glückliches Leben gut brauchen. Man kann sie im Dienst Gottes für die Menschen gut einsetzen. Problematisch wird es aber, wenn man beginnt, sein Herz daranzuhängen, sein Glück davon abhängig zu machen, an den Dingen oder Zuständen zu kleben. Mary Ward weist hin auf die *»Freiheit von allem, was einen dazu bringen könnte, sich von irdischen Dingen abhängig zu machen« (D 125).* In dieser *einzigartigen Freiheit* besteht in ihren Augen das Glück. Mit anderen Worten: So frei sein macht glücklich.

Vom rechten Gebrauch der Güter

In Bezug auf den notwendigen Lebensunterhalt bemerkte ein Außenstehender über Mary Wards Gemeinschaft, in ihr *»entbehre niemand etwas, es werde aber auch nichts verschwendet, nicht so viel wie ein Stückchen Brot« (Vita E, 21r).* In späteren Jahren, als das Lebensnotwendige oft fehlte, bejahte sie diese Armut und ließ sich nicht davon abhalten, das Wenige, das sie besaß, mit den noch Ärmeren zu teilen.
In Exerzitien sah Mary Ward an den Aposteln, wie sie auf den Ruf Jesu hin alles zurückließen, wie sie nirgendwo einen festen Besitz hatten, sich in keinem Ding festmachten und *»dadurch ihre Liebe und folglich die ganze Person völlig ihrem Meister zur Verfügung stand« (D 198 F).*

Im umgekehrten Fall, so Mary Ward, durch eine verkehrte Anhänglichkeit verlören auch die Güter der Schöpfung ihre Schönheit und ihren Wert. In der Werbung werden sie heute oft zu etwas gemacht, was sie nicht sind, zu einem höchsten Gut, zu einem anzustrebenden Ziel, zum Hafen, in dem man sein Leben verankern möchte. Sie verlieren dadurch ihre Schönheit, ja sie werden verunstaltet, missbraucht oder zerstört, während sie, recht gebraucht und in den Dienst Gottes gestellt, dem Menschen nützen und das Herz erfreuen. Als Mittel sind sie wertvoll. Zum Ziel gemacht, gerät der Mensch in Abhängigkeit und die Schöpfungsordnung aus den Fugen.
Den Ordensleuten legte Mary Ward besonders ans Herz, dass es nicht genügt, den Besitz einer Sache aufzugeben. Man kann dennoch davon eingenommen sein und bleiben, wenn man sich nicht entschieden auch innerlich davon verabschiedet. Mary Ward beschreibt die glückliche Freiheit folgendermaßen: *»Es schien eine friedvolle Loslösung von verschiedenen Dingen dieser Welt zu sein, so dass diese keinen Anteil an mir hatten und ich keinen an ihnen. Ich könnte sie ebenso gut besitzen wie entbehren, sie sehen, ohne sie zu lieben, sie gern haben, ohne in ihnen zu leben« (ebd.).*

Zuerst das Bessere

Es ist wichtig, genau hinzusehen, was mich immer wieder dazu bringt oder dazu bringen könnte, mich von verschiedenen Dingen, Gewohnheiten, Gegebenheiten abhängig zu machen. Es ist wohl die Angst vor einer Art von Leere, die sich zeigen würde, wenn ich ohne jene auskommen müsste. Daher auch die Angst vor Veränderung.

In der Zeit geistlicher Begleitung auf dem Weg der Furcht kam Mary Ward aus der Reflexion der eigenen Erfahrung der Gedanke, *»dass es manche Menschen gibt – sie sind deswegen nicht weniger zur Erreichung einer mehr als gewöhnlichen Vollkommenheit geeignet –, bei denen es gut wäre, wenn sie in ihren Anfängen mit viel Großzügigkeit behandelt würden, indem man ihnen zuerst bessere Dinge gibt, ehe man ihnen nimmt, was nicht gut ist, und indem man das Thema verändert, nicht das Wesen zerstört« (AB 6, 19f.).*

Zuerst das Bessere geben. Womit soll sich nach Mary Ward unser Herz füllen, damit wir die Angst vor der Leere nicht kennen und uns nicht an dies oder das klammern müssen, sondern wahrhaft frei werden? Was sie vorschlägt, ist die Beziehung zu Gott, ist seine Gegenwart, die unser Herz ausfüllt, ist unsere Sehnsucht, ihm zu gefallen. Das weniger Gute wird dann bedeutungslos.

Das Thema verändern. Wenn wir mutig und tapfer sind wie Ignatius, dann können wir unser Leben für Gott einsetzen. Wenn wir gern in Beziehung und Freundschaft leben wie Mary Ward, dann bekommt die Gottesfreundschaft den ersten Platz. Wenn wir geschickt mit unseren Händen arbeiten, dann helfen wir, wo praktische Hilfe nottut. Wenn wir gut sind im Nachdenken und Bücherschreiben, dann können Menschen Orientierung im Glauben finden. Das Wesen eines Menschen darf sich entfalten auf ein gutes Ziel hin.

Mary Ward gab ihren Gefährtinnen als Regel, *»nicht mit Gewalt die Vorlieben und Neigungen von Menschen zu brechen, sondern ihnen zuerst vorzulegen, was in sich selbst wirklich des Liebens wert ist, und dann die Hässlichkeit dessen, was nichtig ist, wobei sie sagte, es sei eine zu große Ver-*

letzung, jemandem wegzunehmen, was er besitzt, ohne etwas stattdessen zu geben« (Vita E, 109r). Mit dieser ihrer Maxime brach Mary Ward mit einer jahrhundertelangen Tradition, die auch für die Geistlichen Übungen des Ignatius bestimmend war, dass nämlich zu Beginn eines jeden geistlichen Weges Umkehr und Buße, Reinigung und Läuterung stehen müssten.

Mit viel Großzügigkeit das Bessere geben, anstatt das Negative zu bekämpfen, und das Thema verändern, anstatt das Wesen zu zerstören, das heißt den Menschen so optimistisch sehen, wie Gott es tut, der uns vor allem anderen das Prädikat »sehr gut« verliehen hat (vgl. Gen 1,31).

Frei werden von Täuschung

Breiteren Raum als die Freiheit vom Festhalten an den Dingen nimmt bei Mary Ward das Freiwerden von den verschiedenen Trübungen der Erkenntnis ein. Im nur skizzierten Vorwort zu den nie zu Ende geschriebenen autobiographischen Aufzeichnungen bat sie ihre Leser, sich darum zu bemühen, *»Liebhaber der Wahrheit und Vollzieher der Gerechtigkeit zu werden«,* denn dann *»wird die Wahrheit selbst sie von Irrtümern befreien, ihre Urteile zurechtrücken, ihr Wissen vervollkommnen, sie mit wahrer Weisheit ausstatten, sie befähigen, die Dinge genau wahrzunehmen, wie sie in sich selbst sind, und den Unterschied zwischen geringfügigen Gegebenheiten und solchen von großer Bedeutung und was in jeder Situation zu tun oder nicht zu tun ist« (AB 1).*

So besteht nach Mary Ward die Gefahr, dass das innere Feuer nachlässt, wenn wir *»nicht die Wahrheit lieben, sondern Lügen nachlaufen« (D 166 A, 218f.),* wenn wir uns an religiösen Erlebnissen und Gefühlen festmachen, uns im geistlichen Leben sicher fühlen, uns von Menschen abhängig machen oder den eigenen Vorstellungen nachrennen. Demgegenüber besteht die Liebe zur Wahrheit, die Gott selbst ist, in der Liebe zur Wirklichkeit: *»Das ist Wahrheit, dass wir das, was wir zu tun haben, gut tun« (ebd., 226).*

Es geht Mary Ward niemals um eine abstrakte Wahrheit. Die praktische Liebe zur Wahrheit dient der Entlarvung von Irrtümern und dem Freiwerden von ihnen, sie dient dem unvoreingenommenen und gerechten Urteilen. Dergestalt führt sie zu einem Wissen, das wirklich nützt und den Namen Weisheit verdient. Diese Weisheit zeigt sich darin, dass wir die Dinge kritisch und unideologisch sehen, dass wir das Wesentliche vom Unwesentlichen unterscheiden, dass wir unser Wissen in situationsgerechtem Handeln anwenden. Die Wahrheit lieben, mit unbestechlichem Blick wahrnehmen, was ist und was sein soll, und die Gerechtigkeit üben, das Gute tun, es kompetent tun und auch wissen, wann ich nichts tun kann oder soll, das sind für Mary Ward die beiden Grundpfeiler gelingenden Lebens vor und mit Gott.

Wahre Weisheit und Befähigung

»Einmal fand ich die Frage in mir, warum dieser Zustand der Gerechtigkeit und die Tugend der Aufrichtigkeit sich mir als so besonders notwendig zeigte als der Grund und Ursprung all der anderen Tugenden, die die Mitglieder dieses Instituts ausüben müssen« (D 125). Was Mary Ward damals beschäftigte, war der Abstand zwischen dem Jesuitenorden, dessen Patres intensives Studium und eine ausgezeichnete Ausbildung zur Verfügung standen, und ihrer Gemeinschaft, deren Mitglieder als Frauen alle

weitergehenden Bildungsmöglichkeiten verwehrt waren. Wie konnte Gott wollen, dass sie dennoch dasselbe zu Wege bringen sollten? Wie konnten sie fähig werden zu vollbringen, was Gott von ihnen getan haben wollte?

Da ging ihr der Bezug zur biblischen Gerechtigkeit und zur Haltung der Wahrhaftigkeit auf, dass nämlich sie, *»denen diese Bildung, Urteilskraft und andere Möglichkeiten fehlen, die die Männer haben, dennoch aus der Hand Gottes wahre Weisheit erlangen können und die Fähigkeit zur Ausübung all der anderen Tätigkeiten, die die Verwirklichung unserer Lebensweise von uns fordert, wenn wir in diesen gegründet sind« (ebd.).*

Wer die Gerechtigkeit Gottes sucht und sich auf Gott ausrichtet, wird teilnehmen und mitwirken an der Gerechtigkeit Gottes, wird befähigt, das Rechte zu tun und es gut zu tun. Wer die Wahrheit Gottes sucht und das eigene Leben von ihrem Licht beleuchten lässt, wird aus Gottes Hand wahre Weisheit erlangen.

Umgekehrt steht, wer meint, auf Gott nicht angewiesen zu sein, in der Gefahr, die Impulse Gottes zu verfehlen. In diesem Sinn schrieb Ignatius im Vorwort zu den Satzungen der Gesellschaft Jesu seinen gelehrten Mitbrüdern ins Stammbuch, dass »die höchste Weisheit und Güte Gottes unseres Schöpfers und Herrn« selbst die Gemeinschaft »bewahren, leiten und voranführen muss« und dass dazu »mehr als irgendeine äußere Satzung das innere Gesetz der Liebe und Güte, welches der Heilige Geist in die Herzen schreibt und einprägt« (K 134), hilft. Gott tut das Eigentliche. Die Menschen sind im besten Fall die Mitarbeiter.

Wie aber sind Wahrheit und Erkenntnis zu suchen? *»Nicht durch Lernen, obwohl Lernen ein gutes Mittel ist, weil es zu Wissen führt; doch seht ihr, dass viele gelehrte*

Männer nicht vollkommen sind, weil sie nicht praktizieren, was sie wissen, und nicht ausführen, was sie predigen« (D 166 C, 248).

Zu welchem Ende ist Wahrheit und Erkenntnis zu suchen? *»Nicht für die Befriedigung, die sie bringt, mag sie auch außerordentlich groß sein, (…) sondern für das Ziel, zu dem sie euch bringt, das Gott ist. Sucht sie um seinetwillen, das ist Wahrheit, das andere ist eine Lüge« (ebd., 249f.).*

»Es ist Wahrheit zu wissen, dass Gott alles bewirken kann und wird und in ihm alles leicht ist« (ebd., 253). Liebe zur Wahrheit besteht im Wissen und Sich-daran-Erinnern, *»dass er das Ziel all eurer Handlungen sei. Darin werdet ihr große Zufriedenheit finden und alle Dinge für leicht und möglich halten« (ebd., 255).*

Mary Wards Wahrheit

Obwohl Mary Ward weiß, dass nur die Wahrheit Gottes in Ewigkeit bleibt und nicht die Wahrheit der Männer noch die der Frauen (vgl. D 166 A, 219), spricht sie davon, dass ihr eine ganz spezielle Wahrheit anvertraut ist, ein Wissen und eine Erkenntnis, für die sie einstehen muss:

»Da war ein Pater, der neulich nach England kam, den ich sagen hörte, dass er nicht um zehntausend Welten eine Frau sein wolle; denn er dachte, eine Frau könne Gott nicht erkennen. Ich antwortete nichts, sondern lächelte nur, obwohl ich ihm mit der Erfahrung hätte antworten können, die ich vom Gegenteil habe« (D 166 A, 229f.).

»Bis jetzt wurde uns von Männern gesagt, wir müssten glauben. Das ist wahr, wir müssen es. Aber lasst uns weise sein und wissen, was wir zu glauben haben und was nicht, und uns nicht dazu bringen zu glauben, dass wir nichts tun können« (ebd., 226f.).

»Neulich, im Gespräch mit einem Pater, der euch alle sehr gern hat, konnte ich ihn nicht überzeugen, anders zu denken, als dass Frauen schon von ihrer Natur her voller Ängste und Anhänglichkeiten sind, mehr als die Männer. Mit Respekt vor ihm – ich sage, das stimmt nicht. Es ist wahr: Wenn wir unsere Erkenntnis nicht richtig anwenden, werden wir voller Ängste und Anhänglichkeiten sein, wir werden fürchten, was nicht zu fürchten ist, und, in Kindereien stecken bleibend, lieben und festhalten, was die Liebe nicht wert ist. Wir wissen, dass Gott allein zu fürchten ist und er allein wert ist, geliebt zu werden. Denkt daran, dass er das Ziel all eurer Handlungen sei« (D 166 C, 253–255).

»Ich kann nicht anders als diese Grundwahrheit verteidigen, von der ich überzeugt bin: dass das innere Feuer nicht notwendig nachlassen muss, weil wir Frauen sind. Doch will ich besagten Pater nicht tadeln, er mag im Gegenteil viel Erkenntnis haben, ja vielleicht hat er alle andere Erkenntnis, und ich habe einzig diese Erkenntnis und das Wissen um diese einzige Wahrheit, durch die ich vielleicht gerettet werden muss. Deshalb muss und will ich immer für diese Wahrheit einstehen, dass Frauen vollkommen sein können und dass das Feuer nicht notwendig nachlassen muss, weil wir Frauen sind« (D 166 B, 240f.).

Kenne ich die Grundwahrheit meines Lebens, meiner Erkenntnis und meines Wissens, die mir anvertraut und aufgetragen sind?

Klugheit

Echte Klugheit ist das Gegenteil von Naivität. So mahnte Mary Ward ihre Gefährtinnen in einem Brief aus der Inquisitionshaft: *»Glaubt Worten nicht, wenn die Taten nicht damit übereinstimmen« (D 1144).* Auch im Rahmen des für sie übergeordneten Gehorsams und der ihr über alles wichtigen Feindesliebe verzichtete sie nicht auf die möglichst ungetrübte Wahrnehmung der Wirklichkeit. So kann von der Unterwerfung unter die Bulle gesagt werden, ihr Gehorchen sei friedvoll gewesen *»trotz der Umstände, die sie nicht übersah noch ohne gründliches Erwägen vorübergehen ließ« (Vita E, 80r).*

Wenn Gegner ihr Unrecht taten, *»war es ihre besondere Sorge, zuerst in sich selbst vollständiges Verzeihen zu erreichen, fundiert und herzlich, nicht formal und nur mit Worten, dann für sie zu beten und Gelegenheiten zu suchen, ihnen einen Dienst zu tun und das auch ins Werk zu setzen, aber nicht ohne Klugheit, da sie die Macht ihres Übelwollens und ihrer Bosheit kannte und mied, und indem sie ferner unterschied, was an ihnen gut, was böse war« (ebd., 85rv).*

Klugheit darf nicht über die Wahrhaftigkeit gestellt werden. Bisweilen schlug man Mary Ward vor, sie solle ihre Ziele nur so weit offen legen, wie sie ohne Schwierigkeiten akzeptiert würden. Sie lehnte jedoch *»Taktik oder doppeltes Spiel auf den Wegen und in der Sache Gottes«* ab. Obwohl sie wusste, welche Macht ein derartiges Vorangehen besitzt, duldete sie die Vorstellung nicht, *»ein solch göttliches Werk brauche Verhüllung oder Beschönigung, noch zwischen ihr und dem Papst solle etwas anderes als die lautere Wahrheit herrschen« (ebd., 25v).*

Dieselbe Ehrlichkeit hielt Mary Ward aber auch davon ab, den päpstlichen Aufhebungsbefehl durch Erklärungen zu beschönigen. In der Aufforderung an ihre Gefährtinnen, sich dem Befohlenen zu unterwerfen, heißt es: *»Gehorcht unverzüglich. Euer Motiv, dies zu tun, möge dasselbe wie meines sein, aus dem heraus ich es euch empfehle: nämlich weil Seine Heiligkeit es so will« (D 1133).*

Übereinstimmung von Denken, Reden und Handeln

Gerechte Menschen sind Menschen, *»die ganz Gott gehören« (D 213 C)*. Nur sie sind nach Mary Ward *»stark und geeignet für all die guten Werke, die in dieser Welt getan werden müssen« (ebd.)*. Zum gerechten Handeln gehört für sie, *»dass wir so seien, wie wir uns geben, und uns so geben, wie wir sind« (D 125)*.
Der italienische Auto-Designer Andrea Pininfarina hat sich 2005 in seinem Beitrag für das Buch »Briefe an Gott« auf drei Werte verpflichtet. Einer von ihnen ist Kohärenz, verstanden als Übereinstimmung von Denken, Reden und Handeln. Sie werde in unserer Zeit selten praktiziert, sei aber Voraussetzung für jede Form von Glaubwürdigkeit.
Man muss nicht religiös sein, um das als echten und wichtigen Wert zu bejahen. Der Umgang mit Menschen, bei denen man sich auskennt, deren Versprechen gilt und die ihr Leben ohne Winkelzüge und Hintertürchen leben, tut wohl, obgleich ein solch gerader Weg für die Betreffenden nicht immer der leichte, bequeme und schnell zu Erfolg und Ansehen führende ist. Glaubwürdigkeit und Verlässlichkeit sind Eigenschaften, die rar sind und kostbar.
Die »Vortäuschung falscher Tatsachen« geschieht freilich nicht immer bewusst. Selbsttäuschung hat viele Ursachen. Sie wird wohl in der Erziehung grundgelegt, wenn das Kind sich verstellen muss, um die Zuwendung der Eltern nicht zu verlieren. Selbsttäuschung wird zur inneren Notwendigkeit, wenn die Ideale zu hoch sind oder es bei Schwäche, Fehlern und Versagen keine Gnade gibt. Hier zeigen sich die religiösen Wurzeln einer Tugend der Kohärenz. Wer

sich angenommen weiß, so wie er ist, kann sich selbst ehrlich und selbstkritisch anschauen, kann seine Wünsche und Ziele offenlegen und für sein Fehlverhalten um Verzeihung bitten. Dass bei Mary Ward Geradheit, Durchschaubarkeit und Verlässlichkeit mit Charme und Liebenswürdigkeit gepaart waren, hat wohl das Geheimnis ihrer Persönlichkeit und die Faszination, die von ihr ausging, zu einem wesentlichen Teil bestimmt.

Wahrhaftigkeit und Demut

An einer Kirche in Oberfranken steht über dem neugotischen Hauptportal in großen Lettern: »Hier ist die Pforte zum Himmel«. Wenn man sich dann anschickt, die Türklinke zu drücken, findet man auf Augenhöhe ein kleines Schild: »Bitte Nebeneingang benützen.« Nach anfänglichem Kopfschütteln habe ich für mich einen tieferen Sinn entdeckt. Ist Demut nicht das Wissen, dass wir allenfalls den Nebeneingang zum Himmel nehmen?
»Demut ist Wahrhaftigkeit« (Vita E, 77r), pflegte Mary Ward zu sagen. Demut ist bei der Wahrheit bleiben. Das lateinische Wort »humilitas«, das im englischen »humility« erhalten blieb, kommt von »humus«, von der Erde. Demut ist Erdnähe, ist das Gegenteil davon, abzuheben, sich selbst zu übernehmen und zu überheben.
Obwohl das Wort so oft missbraucht wurde, dass es heute nur selten verwendet wird, kann doch nicht darauf verzichtet werden. Charlie Chaplin gebrauchte es 1959 in einem Text zu seinem 70. Geburtstag: »Als ich mich selbst zu lieben begann, habe ich aufgehört, immer recht haben zu wollen. So habe ich

mich weniger geirrt. Heute habe ich erkannt: Das nennt man Demut.« Der schon erwähnte Pininfarina nennt neben der Kohärenz auch die Demut: »Wer Erfolg hat, neigt oft dazu, mehr zurückzuschauen als nach vorn. Aber im Leben ist es wie im Sport. Jede Runde muss mit größtem Einsatz und mit Demut und im Bewusstsein gespielt werden, dass man bei null anfängt.«

Kaum eine Tugend ist so schnell korrumpiert wie die Demut. Man erzählt von einem, der Jesuit werden wollte und sich mit dem Satz vorstellte: »Meine Demut ist mein ganzer Stolz.« Er sei nicht angenommen worden, heißt es. Demut ist gerade nichts Vorgespieltes, nichts Gesuchtes, nichts Geziertes. Ganz im Gegenteil besteht sie darin, bei der Wahrheit zu bleiben; sich nichts vorzumachen, was nicht ist; auf die kleinen oder großen Übertreibungen zu verzichten; sich auf das, was man geleistet hat, nichts einzubilden; sich nicht übermäßig sicher zu sein, dass man im Recht ist. Demut im Sinn Mary Wards ist *»nicht eine Demut leerer Selbstdarstellung oder gewisser äußerer Zeichen, sondern in jener Überzeugung von Wahrhaftigkeit gegründet, die zu allen Zeiten und Gelegenheiten dieselbe und, ohne gesucht werden zu müssen, jeweils zur Stelle ist« (ebd., 77rv).*

Frei bleiben

Schwierige Lebenssituationen, Krisen und schwerwiegende Entscheidungen sind die Bewährungsproben für das bisher Beschriebene. Mary Ward erfuhr viel Widerstand, die Gegner waren übermächtig, das Scheitern stand immer wieder vor Augen. In einer dieser bedrohlichen Situationen beschrieb sie ihren

seelischen Zustand als *»Ruhe, die von erkannter Schwierigkeit nicht gestört wurde« (D 149).*
Sie läuft also vor der Wahrheit nicht davon, verschließt nicht die Augen, sondern erkennt und benennt die Dinge, wie sie nun einmal sind:

»Klarheit, indem alle Dinge wahrgenommen werden,
die gegenwärtigen,
einige zukünftige, die gewünscht werden,
Schwierigkeiten, die eintreten könnten
und die im menschlichen Miteinander nicht zu vermeiden sind,
all diese Dinge, ob von großer oder kleiner Bedeutung,
gesehen und mit Gewissheit in ihrem eigenen einfachen Sein, wie sie sind, verstanden« (ebd.).

Sie resigniert nicht, sondern bleibt dem eingeschlagenen Kurs treu, das zu verwirklichen, was sie als das Gute erkannt hat. Das kann auch durch die Erfahrung des Widrigen nicht umgestoßen werden:

»Freiheit, dass erwünschte Dinge weiter gewünscht werden,
und eine Entschiedenheit und Bereitschaft, sie zu verwirklichen,
jedoch ohne Besorgnis,
gegenteilige Dinge unerwünscht, aber ohne Ängstlichkeit,
das Innere gleichermaßen im Frieden,
welche dieser Schwierigkeiten auch immer eintreffen mögen.«
(ebd.)

Weil alles zu Gott gebracht werden kann, erfährt sie nicht nur inneren Frieden, sondern Freiheit:

»Die Hauptwirkung: Man liebt oder ist abgeneigt
entsprechend der oben genannten Erkenntnis,
man ist bereit, zu handeln oder nicht,
jedoch indifferent eingestellt, was auch immer geschieht,
man sieht die Gefahr von negativen Dingen,

aber ohne Furcht, Angst oder Beunruhigung;
ein großes Vertrauen, dass Gott seinen Willen verwirklichen wird;
schließlich ist man frei von allem
und wünscht nur das Eine, nämlich Gott zu lieben,
und hier bleibt man frei und zufrieden« (ebd.).

4. Sensibler Dialog

»Die Liebe besteht in Mitteilung von beiden Seiten, nämlich darin, dass der Liebende dem Geliebten gibt und mitteilt, was er hat, oder von dem, was er hat und kann; und genauso der Geliebte dem Liebenden«, definiert Ignatius (EB 231). Gottesbeziehung entsteht aus der Mitwirkung beider Partner. Sie entsteht von Seiten der Menschen aus dem Alles-zu-Gott-in-Beziehung-Setzen und der Achtsamkeit auf das, wozu Gott anregen und was er getan haben will. Hören und Antworten von beiden Seiten machen aus dem Leben eine Zwiesprache zwischen Gott und Mensch.

Achtsamkeit

Das menschliche Bemühen um die Haltungen der Gerechtigkeit und Wahrhaftigkeit korrespondiert mit dem Willen Gottes, den Menschen *wahre Weisheit* und *die Fähigkeit zur Ausübung all der anderen Tätigkeiten* zu geben. Letzteres geschieht nicht in einem einmaligen statischen Akt, sondern als *»besondere Mitwirkung der Gnade Gottes« (D 125)*, als Anregungen zum Guten in Form fortwährender Gnadenerweise, als die geschenkte *Freiheit, alles zu Gott* zurückzubringen. Dieser besonderen Mitwirkung der Gnade Gottes mit und in unserem Leben soll wiederum unsere *»immerwährende Wachsamkeit und Sorgfalt in der Ausübung« (ebd.)* der genannten Haltungen entsprechen.
Es geht darum, alles, jede Situation, jede Begegnung und jeden Impuls, in die Beziehung zu Gott zu bringen. Es geht darum, sensibel zu sein und die Antennen

auszufahren für das, wozu Gott anregen will und unsere Mitwirkung sucht. Wenn wir uns von unseren Vorurteilen frei gemacht haben, können wir in Gottes Licht das Gute erkennen, das gut zu vollbringen uns aufgetragen ist.
Es geht darum, *»sich um eine liebevolle Sorgfalt in allen Dingen zu bemühen« (D 1532 F, 272).* Achtsam sein heißt ganz da sein. Sorgfältig sein heißt wissen, worauf es ankommt. Das ist aber nicht das Verhältnis zwischen Arbeitgeber und Arbeitnehmer, nicht Leistung und Pflichterfüllung, sondern ein Leben aufmerksamer Zuwendung. Keine ängstliche Sorge, kein angespanntes Alles-richtig-machen-Müssen vor einem strengen Vorgesetzten, sondern die liebevolle Aufmerksamkeit einer Freundschaft, die dem geschenkten Vertrauen entsprechen will. An eine Gefährtin schrieb Mary Ward: *»Ich wünsche mir, dass du Gott sehr liebst und daran denkst, ihm oft für alle Wohltaten zu danken, für die verborgenen wie für die offenkundigen« (D 708).*

Empfangend mitwirken

»O wie zahlreich und ausgezeichnet waren die Mittel, die ich gehabt habe, um gut zu sein. Über ihre Vielzahl, ihre Arten und ihr Fortbestehen will ich einmal in der Woche meine Meditation halten« (D 72, 3). Wir empfangen immer: unser Dasein, die Mittel zum Leben, die Menschen um uns, Familie, Angehörige, Freunde, und diejenigen, die für uns arbeiten und die wir gar nicht kennen. Wir empfangen die ganz spezielle Mischung unserer Fähigkeiten und Begabungen, die kleinen und großen Freuden eines jeden Tages, wo uns etwas gelungen ist, wo wir von etwas Schönem überrascht wurden, wo uns etwas zugefallen ist, wo sich die Din-

ge gefügt haben. Wir empfangen darin und darüber hinaus Gottes Liebe, sein Ja zu uns. *»Lass es nicht durch diese und andere Gnaden zu meiner größeren Verurteilung kommen, darum bitte ich demütig, o Freund der Freunde, denn – immer empfangend – wirke ich nicht mit allen mit, und bleibe so undankbar« (AB 1, 15).*

Wenn wir staunend erkennen, wie andauernd die Gnade Gottes in unserem Leben wirkt, können wir nicht untätig bleiben. Wir sollen und können mit der Gnade Gottes mitwirken. Mary Ward geht davon aus, dass Gott uns zum Guten bewegt. Das geschieht durch Impulse zum Handeln, sei es, dass wir sie als Ideen und Antriebe in unserem Inneren vernehmen, sei es, dass sie uns in Situationen, Begegnungen und äußeren Gegebenheiten ansprechen, sei es, dass ein Wort der Heiligen Schrift sich uns in der Weise offenbart, dass es uns einen inneren oder äußeren Impuls im Licht Gottes aufschließt.

Unsere Aufgabe ist die Mitwirkung, das Durchführen dessen, wozu wir von Gott angeregt werden. Über die Zehn Gebote und über die Weisungen Jesu hinaus gibt es etwas, das ausschließlich mir in mein Leben und ganz konkret in meine jeweilige Lebenssituation hinein gesagt ist. Das ist meine Berufung.

Immer wieder neu

Gerechtsein als Ausgerichtetsein auf das Gute und Wahrhaftigkeit als Ausgerichtetsein auf die Wirklichkeiten der Welt und des eigenen Lebens sind im Grunde keine inhaltlich festgelegten Qualitäten. Sie werden erst durch das bestimmt, was vor Gott als gut erkannt und von allem möglichen Scheinguten unterschieden wird. Dass Mary Ward diese inhaltliche Offenheit allem Handeln und allen Tugenden zu Grunde legte, zeigt eine Passage aus ihrem ersten Institutsplan, der »Ratio instituti«. Neben dem Mühen um die Vervollkommnung des eigenen Lebens steht das Bestreben, *»alle Sorgfalt und klugen Eifer ganz und gar darauf zu verwenden, das Heil der Nächsten zu fördern und uns um es zu sorgen, besonders in der Mädchenerziehung oder auf jede andere Weise, von der zu entsprechender Zeit feststehen oder geurteilt werden wird, wir könnten mit unserem Einsatz etwas beitragen zum größeren Dienst Gottes und zur Ausbreitung unserer heiligen Mutter, der katholischen Kirche, wo auch immer« (D 126).*

Damals hatten die Schwestern die Mädchenerziehung als das Gute erkannt, das Gott ihnen in der geschichtlichen Situation neben der Mithilfe in der Seelsorge in England auftrug. In zukünftigen Zeiten würden sie immer wieder neu suchen und finden müssen, was das Tätigkeitsfeld sei, das Gott ihnen dann als ihre Aufgabe bestimmen würde.

Mit ungetrübtem Blick auf das Gute ausgerichtet, sollte es möglich sein, von Gott selbst Weisheit und Befähigung zu dem zu erhalten, was die eigene Aufgabe und Berufung ist. Das ist nur möglich, wenn wir nicht allein überzeugt sind, dass die Gnade Gottes mitwirkt und vorausgeht, dass sie bewirkt, was sie getan haben will, sondern wenn wir auch wach und bereit auf diese Gnade Acht haben und auf sie mit unserem Tun antworten. Die immerwährende Achtsamkeit und liebevolle Sorgfalt, mit der wir die Impulse Gottes verstehen und aufgreifen, sind das Werkzeug, mit dem Gerechtigkeit und Wahrhaftigkeit ins Werk gesetzt werden.

Kommunikativ

Die Achtsamkeit auf das, was wir von Gott empfangen, ist nicht denkbar ohne den achtsamen Umgang mit den Menschen und dem, was sie sagen. *»Sie hörte ihren Leuten aufmerksam zu und stellte sie sowohl durch Worte wie durch das Verhalten zufrieden« (BW 3),* hielt Barbara Ward über ihre Schwester Mary fest.

Die Biographin beschreibt im Abschnitt über das »Misstrauen sich selbst gegenüber« die demütige und ehrliche Selbstkritik Mary Wards: *»Zweifellos war es die kritische Einschätzung ihrer selbst, die sie eine solche Zuflucht zu Gott im Gebet nehmen ließ und die es ihr leicht machte, die Meinung anderer zu hören. So pflegte sie sich zu verhalten, wenn etwas getan oder in die Hand genommen werden musste: zuerst zu beten und danach es ihren Gefährtinnen und den Ihrigen, die bei ihr waren, mitzuteilen. Sie pflegte zu sagen, es gebe keines Menschen Meinung, von der sie nicht mehr oder weniger in der einen oder anderen Sache profitiert habe« (Vita E, 75v).*

Die Sensibilität gegenüber den Worten anderer verband sich bei Mary Ward mit der Sensibilität für die Anrede Gottes, *»dessen Worte Taten sind« (D 245),* für seine Anrede in den großen Angelegenheiten und den kleinen Dingen des Lebens. Aus der beständigen Einübung des Zwiegesprächs mit Gott, in dem sie alles zu ihm zurückbrachte und in Beziehung setzte, wurde eine Haltung beständiger Kommunikation im Handeln wie im Beten, wurde das ganze Leben zur Zwiesprache.

Die Gnade Gottes wirkt

In einer Runde von Kolleginnen und Kollegen berichtete ich, wie das Bild für einen Flyer entstanden

sei, der allen gut gefiel: »Ich habe bei der Bildbearbeitung aus Versehen auf die falsche Taste gedrückt.« Spontan sagte jemand: »Das ist Gnade.« Wie wirkt die Gnade noch? Oft schon habe ich etwas gesucht und dabei etwas viel Wichtigeres gefunden, so zum Beispiel neulich eine Notiz, die für einen zu schreibenden Artikel kurz vor dem Abgabetermin einen wichtigen Anstoß gab. Das ist Gnade.
In den Gesprächen der geistlichen Begleitung bin ich oft überrascht über das, was beim anderen als entscheidender Impuls ankommt. Natürlich hatte ich mich bemüht, zu verstehen und in dem, was ich sagte, den einen oder anderen Impuls zu geben, vielleicht eine Tür zu öffnen. Was dann zum Durchbruch verhalf, war oft gar nicht das, was mir als wesentlich erschien. Die Gnade wirkt, wie sie will. Lehrerinnen und Lehrer machen ähnliche Erfahrungen. »Sie haben damals das und das gesagt – und das hat mir weitergeholfen«, sagen Ehemalige, und man selbst hat keine Ahnung davon. Wer eine größere oder kleinere Entscheidung zu treffen hat und Gott darin um seine Begleitung bittet, wird sich oft wundern, durch welche äußeren Begebenheiten und inneren Geschehnisse Schritt für Schritt größere Klarheit geschenkt wird.
Die Gnade Gottes wirkt noch viel unauffälliger. Aber das ist schwer zu beschreiben. »Wenn nicht der Herr das Haus baut, müht sich jeder umsonst, der daran baut. Wenn nicht der Herr die Stadt bewacht, wacht der Wächter umsonst«, heißt es im Psalm 127. Die Gnade begleitet unser Leben und Arbeiten, unser Mühen und unsere ganze Existenz. Sie trägt uns wie der Weinstock die Rebzweige, so dass nicht zu sagen ist, ob die Trauben nun Frucht der Reben oder des Weinstocks sind.

Wer begonnen hat, nach den »sieben Freuden des Tages« Ausschau zu halten, wird sehen und hören, fühlen, riechen und schmecken lernen und darin einen sechsten Sinn für die Gnade Gottes entwickeln. In der »Betrachtung um Liebe zu erlangen« rät Ignatius, sich an »die empfangenen Wohltaten von Schöpfung, Erlösung und besonderen Gaben« zu erinnern, zu schauen, wie Gott in allem wohnt, und zu erwägen, »wie Gott sich in allen geschaffenen Dingen auf dem Angesicht der Erde für mich müht und arbeitet« (EB 234–236). Die *»so besondere Mitwirkung der Gnade Gottes«* braucht unsere *»immerwährende Wachsamkeit und Sorgfalt«,* notierte Mary Ward, und mit Blick auf sich selbst erkannte sie, *»wie sehr mich dieser Mangel an Sensibilität für Gottes Gnadenerweis in allem hindert« (D 125).*

Der zweite Blick

»Ich denke wirklich, es ist der beste und leichteste Weg zur Tugend, alles, und sei es das Kleinste, als von Gott kommend anzunehmen« (D 166 B, 235). Mit dieser Aussage Mary Wards haben wir moderne Menschen ein Problem grundsätzlicher Art. Können wir wirklich alles als von Gott kommend annehmen? Wir halten es zu Recht für einen faulen Trick, die positiven Überraschungen des Lebens als Wunder der Gnade Gottes zu interpretieren und zugleich bei den furchtbaren Katastrophen die Frage nach dem Woher unbeantwortet zu lassen, weil wir sie nicht einer personalen bösen Macht zuschreiben wollen, die wir dann als Gottes Gegenspieler definieren müssten.

Wenn wir, wie anfangs geschehen, eher auf die Allgegenwart Gottes setzen, um den Sackgassen des Begriffes Allmacht auszuweichen, dann müssen wir uns mit dem »Ich bin nur mit« Gottes begnügen, das aus der folgenden Geschichte abgeleitet ist: »Ein kleiner Junge geht zum ersten Mal zum Einkaufen. Er traut sich aber nicht recht und bittet seinen Freund, dass er mitgeht. Und der tut das selbstverständlich, wie es sich unter Freunden gehört. Alles klappt bestens. Als das Wechselgeld zurückgegeben wird, fragt der Verkäufer den Freund: ›Na und du, was möchtest du?‹ Darauf die Antwort: ›Gar nichts. Ich bin nur mit!‹« (H. Arens, F. Richardt, J. Schulte: Die Predigt vom menschenfreundlichen Gott, München 1980, 161).

In der Tat ist die Rede vom mitgehenden Gott eine tragfähige Basis für die Glaubensverkündigung, da sie die biblische Tradition von der Errettung am Schilfmeer ebenso begründen kann wie die Erfahrung der Verschleppung ins Exil. Sie umfasst die frohe Botschaft Jesu von Heilung und Lebensfülle ebenso wie sein blutiges Ende am Kreuz. Sie kommt zurecht mit der Unvollkommenheit der existierenden Welt und belässt die Verantwortung für das Unrecht bei den Menschen, die es verursacht haben und immer wieder verursachen.

Dennoch darf auch ein anderer, sozusagen ein zweiter Blick auf unsere Wirklichkeit geworfen werden. Es ist der Blick der Mystiker, der in Gott verliebten Menschen: *»Ich bot mich dann an, mit Liebe und glücklich zu erleiden, welche Schwierigkeiten und Hindernisse auch immer sich ergeben würden, wenn ich seinen Willen tue, bat ihn aber zugleich, dass nichts von diesen mich von dem, was er getan haben wollte, abhalten möge. Mir kam die Vorstellung, dass vielleicht eine große Schwierigkeit bei der Bestätigung unserer Lebensweise entstehen könnte, und dabei fand ich eine große und neue Liebe zu diesem Institut und ein ver-*

trautes Umfangen oder liebevolles Einswerden mit ihm. Ich bot mich willig dieser Schwierigkeit an und bat unseren Herrn mit Tränen, dass er mir die Gnade gebe, sie zu tragen, und dass kein Widerspruch seinen Willen verhindern möge (was auch immer er sei), denn ich hatte nun eine größere Liebe zu seinem Willen generell als zu etwas Speziellem. Mir war, als sei die Gelegenheit gegenwärtig. Ich sah, dass es keine Hilfe und keinen Trost für mich gab, als mich eng an ihn anzuschließen. Das tat ich, denn er war da, um mir zu helfen« (D 172 D).

Mit dem zweiten Blick des Mystikers vermochte Ijob zu sagen: »Der Herr hat gegeben, der Herr hat genommen; gelobt sei der Name des Herrn. Nehmen wir das Gute von Gott an, sollen wir dann nicht auch das Böse annehmen?« (Ijob 1,21; 2,10). Freilich muss auch da noch einmal achtsam unterschieden werden zwischen dem, was zu tragen ist, weil es nicht verändert werden kann, und dem, was es zu ändern gilt. Als sich Mary Ward in der ersten Nacht der Inquisitionshaft darauf einstellte, nun nicht mehr kämpfen, sondern nur noch aushalten zu müssen, wurde sie von Gott eines Besseren belehrt und fand erst Schlaf, als sie einwilligte, sich gegen Verdächtigungen und Verleumdungen zu wehren.

Alles Zufall?

»Es ist eine große Undankbarkeit, und zwar eine der größten, zu meinen, dass alle Dinge zufällig geschehen. So habe ich viele geistliche Personen reden hören, und ich glaube, dass es für geistliche Personen kaum ein größeres Hindernis für den Geist geben kann als zu glauben, dass uns alle Dinge zufällig widerfahren, und nicht aus allem, was geschieht, als aus Gottes Hand kommend Nutzen zu ziehen. Denn die

Schrift sagt, dass ein Spatz nicht anders zu Boden fällt als durch die besondere Vorsehung Gottes. Ich denke wirklich, es ist der beste und leichteste Weg zur Tugend, alles, und sei es das Kleinste, als von Gott kommend anzunehmen« (D 166 B, 234f.).

Nicht alles empfinden wir als Gnade, was aus Zufall geschieht. Manches, aber beileibe nicht alles, was wir zunächst als negativ erleben, fügt sich im Nachhinein in ein größeres Ganzes ein oder zeigt doch einen irgendwie positiven Aspekt. Nichts für Zufall zu halten, sondern alles, wirklich alles wie aus der Hand Gottes kommend anzunehmen, gleicht der Haltung des Bauern, der, um nichts zu verderben, den Weizen zusammen mit dem Unkraut wachsen lässt, bis es zur Ernte Zeit ist (vgl. Mt 13,24–30).

Praktisch heißt das dann etwa: *»Ihr sollt daran keinen Anstoß nehmen, wenn andere Unvollkommenheiten oder Leidenschaften zu haben scheinen; besonders wenn es sich um Vorgesetzte handelt, sollt ihr das Beste meinen und denken, obwohl sie manchmal leidenschaftlich, ärgerlich oder launisch scheinen. Ich sage, nehmt an solchen Dingen keinen Anstoß, denn obgleich in ihnen vielleicht Unvollkommenes sein mag, kann es auch anders sein. In solchen Situationen ist es für euch gut zu denken: Anima iusti in manu Dei est, die Seelen der Gerechten sind in Gottes Hand. Wirklich wird es das Beste für euch sein, immer zu denken, wie auch immer andere euch gegenüber zu sein scheinen – ist es das Beste für euch zu denken, dass Gott die Gerechten regiert und leitet und dass Omnia operantur in bonum, alle Dinge zum Guten geführt werden« (D 166 C, 260f.).*

Mary Ward rät, aus dem, was ohnehin geschieht, Nutzen zu ziehen. Wir können es als aus der Hand Gottes kommend ansehen, weil wir es zu Gott zurückbringen können: das Positive dankbar und indem wir es wie-

derum für andere einsetzen; das Negative, indem wir Gott um Abhilfe oder Ausgleich bitten; die eigene und die fremde Schuld mit der Bitte, sie überwinden zu helfen. So und nur so ist es gemeint, wenn Ignatius empfiehlt, Gott in allem zu suchen und zu finden (K 288).
»Er, von dem alles kommt, soll alles haben« (D 198 A). Das Leben in seinen großen und in seinen banalen Augenblicken, in seinen Katastrophen und in seinen Sternstunden wird zur Anrede Gottes, die mich meint und auf die es zu antworten gilt.

Gott und die Kirche

Der Auftrag, den Mary Ward erhielt, führte sie in die Zerreißprobe. Sie musste die Spannung aushalten, dass das, was sie von Gott her als das Richtige erkannt hatte, von der Kirche für falsch gehalten wurde. 1621 erklärte sie im Schreiben an den Nuntius über die Worte »Nimm dasselbe von der Gesellschaft«: *»Diese wenigen Worte gaben ein so großes Maß an Licht über dieses spezielle Institut, Trost und Kraft, und verwandelten die ganze Seele derart, dass ich unmöglich daran zweifeln kann, sie kämen nicht von dem, dessen Worte Taten sind« (D 245).*
Ihren Appell an den Papst formulierte sie im November 1630 folgendermaßen: *»Was ich heute unverdientermaßen besitze und mit der Barmherzigkeit Gottes 22 Jahre lang ausgeübt habe, habe ich – dafür ist Gott mein Zeuge – weder ganz noch teilweise auf Überredung oder Vorschlag eines gegenwärtig oder früher lebenden Menschen hin unternommen, sondern – soweit menschliches Urteil das erfassen kann – ganz und gar angeordnet und mir ausdrücklich von dem aufgetragen, der weder täuschen will, noch getäuscht werden kann. Er gab auch das Licht, um besagten Stand zu*

erkennen und zu verstehen, die Neigung, ihn anzunehmen und zu lieben, klaren Erweis seiner Nützlichkeit, reichen Ausdruck der Ehre, die seiner göttlichen Majestät daraus zufließen würde, liebevolle Einladung, sich in ihm abzumühen, wirksamen Antrieb, dafür zu leiden, unbezweifelbares Versprechen, ihn voranzubringen und zur Vollendung zu führen, und die Sicherheit, dass diese Lebensweise bis zum Ende der Welt in der Kirche bestehen werde« (D 1111).

Mit dieser tiefen Gewissheit verband sie die Bereitschaft, sich dem Urteil des Papstes zu unterwerfen: *»Mit dieser kurzen Erklärung beabsichtige ich in keiner Weise, derartige Erkenntnisse oder Erleuchtungen der Autorität der Heiligen Kirche vorzuziehen oder meine innere Überzeugung dem Urteil und der Entscheidung des obersten Hirten, sondern nur im gegenwärtigen Notfall alles wahrheitsgemäß Eurer Heiligkeit vorzulegen, so wie ich zu tun verpflichtet bin. Wenn Eure Heiligkeit, nachdem ich das in Demut dargelegt habe, mir befehlen werden, von dieser Lebensweise abzustehen, werde ich nicht zögern zu gehorchen. Möge Gott in seiner Barmherzigkeit in dieser Angelegenheit nicht auf meine Armseligkeit sehen, sondern Eurer Heiligkeit eingeben, hierin zu tun, was mehr zur göttlichen Ehre ist« (ebd.).*

Gott will nicht täuschen, er kann nicht getäuscht werden. *»Der heilige Geist kann sich selbst nicht widersprechen« (D 1092 F),* sagte die Gefährtin Winefrid Wigmore beim Verhör. Dennoch blieb der Widerspruch unaufgelöst. So schrieb Mary Ward aus der Inquisitionshaft über ihre ungewisse Zukunft: *»Wer weiß, was Gott mit diesen Unglücksfällen bestimmt hat, wahrhaftig weder sie noch ich, und ich verlange auch nicht danach, es zu wissen oder etwas anderes zu wollen als er« (D 1153).* Und acht Jahre später: *»Diese unsere Nöte gefallen unserem Herrn und deshalb auch uns. Er sei für immer gepriesen« (D 1508).*

Ein großes Vertrauen, dass Gottes Wille geschieht

Als die Jünger Jesu merkten, dass sie dem Sturm aus eigener Kraft nicht gewachsen waren, weckten sie Jesus, der im Boot auf einem Kissen schlief (Mk 4,35–41). Zwar klingt es vorwurfsvoll, was sie zu ihm sagen: »Meister, kümmert es dich nicht, dass wir zugrunde gehen?« Dennoch spricht aus diesen Worten auch das Vertrauen, dass er helfen kann. Deshalb könnte man die Rüge Jesu nach dem Sturm für ungerecht halten: »Warum habt ihr solche Angst? Habt ihr noch keinen Glauben?«

Haben wir nicht gelernt, mit all unserer Not vertrauensvoll zu ihm zu gehen? Und doch will Jesus die Jünger, will Jesus uns noch einen Schritt weiterführen. Glaube, der sich entwickelt, größer wird und reift, kann zu einem so bodenständigen Gottvertrauen führen, dass die Angst in den Stürmen des Lebens nachlässt und geringer wird.

Mary Wards Vertrauen auf Gott ist das Leitmotiv, das sich durch ihr Leben zieht: *»ein großes Vertrauen, dass Gott seinen Willen verwirklichen wird« (im Jahr 1616; D 149).*

»Für Gott zu leben oder zu sterben ist gleicher Gewinn, wenn es seinem Willen entspricht« (1623; D 491).

»Ich hoffe das Beste, und was auch immer kommt, ist gut und das Beste, denn es ist das, was der haben will, der nicht irren kann« (1624; D 515).

»Bete, dass ich ein und denselben Willen mit Gottes Willen habe, und dann wird, was geschieht, immer höchst willkommen sein« (1627; D 637).

»Wir wollen beten und das Beste hoffen und uns nicht über das beunruhigen, was wir nicht ändern können, sondern auf Gott vertrauen« (1631; D 1159).

»Sei voll Vertrauen auf Gott und mehr denn jemals dankbar für seine unsichtbare Güte« (1634; D 1456).
Mary Wards Anteil war das Bemühen darum und das Verlangen danach, nichts mehr zu lieben als Gottes Willen. Sie wollte wahrnehmen, was seine Gnade wirkt, und tun, was er getan haben will. Dorthin gingen ihre Gedanken beim Empfang der Kommunion: *»mich selbst und alles zurücklassen in ihm und seinem Willen« (D 213 A).* Darauf stellte sie sich in den Exerzitien immer wieder ein: *»Eine völlige Übergabe meines Willens an Gott mit der Bitte, dass er mir von nun an Bereitschaft zu allem gebe, was er getan haben will, und mir niemals etwas anderes erlaube. Voll Verlangen, ohne Ängstlichkeit und Verzögerung zu gehorchen, außer beim Mangel an Sicherheit, ob Gott es so haben will oder nicht. Habe ich sie gefunden, stimme ich ruhig und bereitwillig zu. Vielleicht wird mir die treue Ausübung misslingen, wenn ich sehr auf die Probe gestellt bin« (D 212 D).*

Gelassen und heiter

Geistliche Anweisungen aus dem Kreis der Gefährtinnen Mary Wards beginnen mit der Feststellung: *»Gott ist an allen Orten anwesend. Er sieht mich nicht als strenger Richter, der mich mit Strenge anblickt, um mich zu strafen, sondern mit Liebe und dem Verlangen, mir seine besonderen Gnaden mitzuteilen« (D 1532 F, 272).* Für die besondere Erforschung wird empfohlen, *»die von der Gegenwart Gottes«* zu nehmen. Wenn man sich darin geübt hat, so dass dies leicht und selbstverständlich geworden ist, folgt als Nächstes *»die von der zärtlichen Sorgfalt, die du haben sollst, ihm in allem zu gefallen, danach die von der Übereinstimmung« (ebd., 279f.).* Einwilligung in den Willen Gottes, Gleichklang mit dem, was er wirkt und getan haben will, machen das Leben nicht schwer, sondern leicht.

Das Gottvertrauen kann wachsen und mehr und mehr das ganze Leben erfassen und umgreifen. *»Ihre Sorgen seien endlos, dennoch sei sie bis über beide Ohren im Vertrauen« (D 1384),* schrieb die achtundvierzigjährige Mary Ward von sich. Echtes Gottvertrauen führt zur Gelassenheit. Frei von ängstlicher Sorge, frei auch von aller Bitterkeit konnte Mary Ward sich in der Situation der Lebensgefahr in der Inquisitionshaft von ihren Gefährtinnen verabschieden: *»Lebt wohl, seid fröhlich und zweifelt nicht an eurem Meister« (D 1153).* Fast zehn Jahre zuvor, bei ersten sich abzeichnenden Schwierigkeiten und Widerständen, hatte sie festgestellt: *»Fröhlichkeit zu dieser Zeit kommt gleich nach der Gnade« (D 420).*

In der Reihe **Ignatianische Impulse** sind bisher erschienen:

Band 1: Willi Lambert, **Das siebenfache Ja,** Exerzitien – ein Weg zum Leben
Band 2: Stefan Kiechle, **Sich entscheiden**
Band 3: Piet van Breemen, **Alt werden als geistlicher Weg**
Band 4: Heiner Geißler, **Glaube und Gerechtigkeit**
Band 5: Cordula und Ottmar Leidner, **Weil ich mit dir wachsen möchte,** Herausforderung Ehe
Band 6: Klaus Mertes, **Verantwortung lernen,** Schule im Geist der Exerzitien
Band 7: Karl Frielingsdorf, **Gottesbilder,** Wie sie krank machen – wie sie heilen
Band 8: Christian Troll, **Als Christ dem Islam begegnen**
Band 9: Bernd Hagenkord, **jugend@gott**
Band 10: Claudia Bausewein, **Sterbende begleiten**
Band 11: Willi Lambert, **Wovon die Liebe lebt,** Eucharistie und Lebenskultur
Band 12: Eckhard Frick, **Sich heilen lassen**
Band 13: Stefan Kiechle, **Macht ausüben**
Band 14: Franz Jalics, **Der kontemplative Weg**
Band 15: Ignatius von Loyola, **In allem – Gott**
Band 16: Gundikar Hock (Hg.), **Ergriffen vom Feuer**
Band 17: Michael Hainz, **Freundschaft mit Armen**
Band 18: Christian Herwartz, **Auf nackten Sohlen,** Exerzitien auf der Straße
Band 19: Albert Keller, **Sinn im Unsinn,** Worüber Jesuiten lachen
Band 20: Christoph Benke, **Sehnsucht nach Spiritualität**
Band 21: Alfred Delp, **Im Angesicht des Todes**
Band 22: Peter Balleis, **Leidenschaft für die Welt**
Band 23: Josef Maureder, **Mensch werden – erfüllt leben**
Band 24: Martin Maier, **Pedro Arrupe – Zeuge und Prophet**
Band 25: Jon Sobrino, **Der Preis der Gerechtigkeit**
Band 26: Piet van Breemen, **Im Geheimnis daheim.** Hilfen aus der Bibel
Band 27: Bernhard Waldmüller, **Gemeinsam entscheiden**

Band 28: Christian Rutishauser, **Christsein im Angesicht des Judentums**

Band 29: Thilo Esser/Meike Wagener-Esser, **Als Familie im Glauben wachsen**

Band 30: Elmar Mitterstieler, **Den verschwundenen Flüssen nachgehen.** Gedanken zur geistlichen Begleitung

Band 31: Felix Genn, **Es würde der Welt etwas fehlen.** Pastorale Impulse aus dem Geist der Exerzitien

Band 32: Hermann Kügler, **Versuchungen widerstehen?**

Band 33: Vitus Seibel (Hg.), **Was bedeutet Dir Jesus Christus?**

Band 34: Stefan Kiechle, **Spielend leben**

Band 35: Elke Rüegger-Haller, **Aufstehen und heilen**

Band 36: Eckhard Frick/Margret Fühles, **Schöpferisch im Spiel vor Gott.** Bibliodrama und Exerzitien

Band 37: Gabriela Grunden, **Wer glaubt, fragt**

Band 38: Hermann Kügler, **Scheitern**

Band 39: Klaus Mertes, **Widerspruch aus Loyalität**

Band 40: Ursula Dirmeier, **Nicht Furcht, sondern Liebe.** Geistliche Lebenskunst mit Mary Ward

Band 41: Christoph Benke, **Gott ist nicht kleinlich.** Über das christliche Maß